DIE BESTEN REZEPTE
GEGEN ERSCHÖPFUNG
UND MÜDIGKEIT

UNSERE *ENERGIE* KÜCHE

SCHWESTER TERESA ZUKIC
PROF. DR. DR. JALID SEHOULI

KNEIPP
VERLAG WIEN

INHALT

UNSER BLICK AUF ERSCHÖPFUNG

UNSERE ENERGIEGETRÄNKE

UNSER RAT BEI ENERGIE- UND APPETITVERLUST

UNSERE GEHEIMTIPPS

UNSERE ENERGIEREZEPTE

Inhalte mit diesem Symbol können Sie hier herunterladen.

EIN KOCHBUCH GEGEN ERSCHÖPFUNG UND MÜDIGKEIT, MACHT DAS ÜBERHAUPT SINN?

Als wir uns diese Frage gestellt haben, waren wir uns in wenigen Sekunden einig: „Ja!" Kochen und Essen ist die ideale Therapie, um eine komplexe und tabuisierte Erkrankung wie Erschöpfung zu behandeln. Wir können die Ernährung nutzen, um alle Sinne zu erreichen und mit Speisen und Zutaten aus aller Welt wieder zum Leben zu erwecken. Dabei wollen wir nicht so tun, als gäbe es nur das eine Rezept oder den einen Weg zur „Heilung". Doch gerade die Ernährung kann ein wirkungsvoller Hebel sein, um der Erschöpfung mit allen Sinnen etwas entgegenzusetzen.

MÖGLICHE URSACHEN VON ERSCHÖPFUNG

Erschöpfung hat viele Parallelen zu unserer Ernährung. Beide ziehen sich durch alle Dimensionen unseres Lebens, zeigen sich in unterschiedlichen Facetten und können unsere Gesundheit negativ beeinflussen. Aber auch die Ursachen eines Erschöpfungszustandes sind sehr vielfältig: Das kann eine Krankheit sein, ein Krieg, das Schicksal oder der Verlust eines geliebten Menschen.

Erschöpfung ist oft die Folge von lang anhaltendem Stress oder Ängsten. Und die Erschöpfung zehrt dann nicht nur an Körper und Seele, da liegt einem auch etwas Schweres im Magen. Man verliert den Appetit und die Lebensfreude. Das Leben schmeckt nicht mehr.

Unsere Gesundheit setzt sich aus dem sozialen, psychischen und physischen, also dem körperlichen, Wohlbefinden zusammen – so definiert es auch die Weltgesundheitsorganisation. Dieses Buch soll dabei helfen, alle diese Bereiche zu stärken und somit der Erschöpfung und Müdigkeit etwas Starkes entgegenzusetzen.

BEGLEITERSCHEINUNGEN VON ERSCHÖPFUNG

Wir blicken in diesem Buch aus verschiedenen Perspektiven auf das Thema Erschöpfung und haben die verschiedenen Begleiterscheinungen dieser Erkrankung im Blick.

- **Erschöpfung und Verlust an Achtsamkeit:**
Mit Geschichten und Rezepten unterstützen wir Sie dabei, Ihre Achtsamkeit zu bewahren, beziehungsweise wiederzuerlangen.

- **Erschöpfung und körperliche Schwäche:**
Die Gerichte sind leicht zuzubereiten, strapazieren Ihre angeschlagenen Kräfte nicht weiter, sondern stärken Sie dank gesunder Zutaten.

- **Erschöpfung, Appetitverlust und Geschmacksveränderungen:**
Die Rezepte sollen Ihnen Appetit machen und den Mut verleihen, Neues auszuprobieren.

- **Erschöpfung und Verlust an sozialen Kontakten:**
Wir möchten Sie dazu ermutigen, die wichtigen Menschen in Ihrem Leben einzuladen, um mit Ihnen zu kochen und zu essen.

Essen hat mehr Kraft als tausend Worte, das haben wir bei unseren Kreativ-Kochkursen immer wieder feststellen dürfen.

Nutzen Sie diese Kraft! ♥

Ihre Schwester Teresa &
Ihr Prof. Dr. Dr. Jalid Sehouli

SCHWESTER TERESA ZUKIC,
diplomierte Religionspädagogin, Trägerin des Bayrischen Verdienstordens und der Verdienstmedaille der Bundesrepublik Deutschland und Autorin, tritt als Rednerin über 200 Mal im Jahr auf Bühnen, im Fernsehen und Radio auf. Als Multitalent und Instagramstar (@schwesterteresa) fördert sie Lebensfreude und berührt die Menschen. Schwester Teresa ist leidenschaftliche Hobbyköchin und teilt ihre lebensbejahenden Gerichte und ihre inspirierenden Geschichten nun mit uns.

PROF. DR. DR. JALID SEHOULI,
Direktor der Klinik für Gynäkologie der Berliner Charité, Autor und Podcast-Host, ist ein international renommierter Krebsspezialist. Als Weltbürger, Arzt und Wissenschaftler weiß er, wie essenziell Essen und ganz besonders kraftspendende Gewürze für unsere Gesundheit sind.

WAS IST ERSCHÖPFUNG?

Erschöpfung ist keine Diagnose per se, es ist ein Symptom, das sich aus unzähligen anderen Symptomen und Beschwerden zusammensetzen kann. Allein die verschiedenen Synonyma machen deutlich, wie viele Facetten Erschöpfung haben kann: „Abgespanntheit", „Entkräftung", „Entnervung", „Ermüdung", „Erschöpfungszustand", „Kräfteverfall", „Flauheit", „Kräfteverschleiß", „Kraftlosigkeit", „Mattheit", „Müdigkeit", „Schwäche", „Schwunglosigkeit", „Übermüdung", um nur einige der Begriffe aufzuzählen.

FATIGUE

In der Medizin hat sich für diesen Zustand der französische Begriff „Fatigue" durchgesetzt, der ursprünglich aus dem Lateinischen stammt (Fatigatio = Ermüdung). Fatigue gilt als eines der häufigsten Symptome bei Krebserkrankungen, aber auch bei verschiedenen chronischen Erkrankungen wie dem Long-COVID-Syndrom oder Rheuma-Erkrankungen tritt Fatigue häufig in Erscheinung. Unterschiedlichen Studien zufolge haben bis zu 90 Prozent aller Krebspatienten und -patientinnen eine Fatigue, bei chronischen Erkrankungen sind es 20 bis 50 Prozent.

Fatigue kann sich durch verschiedene Symptome bemerkbar machen, z. B. frühzeitige Ermüdung, Kurzatmigkeit, Schwere in den Beinen, Schwierigkeit beim Zurücklegen längerer Wegstrecken, Schlafprobleme und Konzentrationsstörungen. Wenn diese Symptome bei Ihnen länger anhalten, sollten Sie bitte Ihre Ärzte daraufhin frühzeitig ansprechen, um bestimmte Untersuchungen, inklusive Blutuntersuchungen, zu veranlassen und um andere Ursachen, beispielsweise eine Blutarmut oder eine Stoffwechselerkrankung, auszuschließen.

FATIGUE UND DEPRESSION

Mir ist es wichtig zu betonen, dass Fatigue nicht mit einer Depression gleichzusetzen ist. Bei vielen Menschen mit einem Fatigue-Syndrom wird oft fälschlicherweise die Diagnose einer Depression gestellt. Diese Menschen erhalten dann eine medikamentöse Behandlung mit sogenannten Antidepressiva, die die Fatigue aber sogar noch verstärken und zu weiteren unerwünschten Nebenwirkungen führen können. Eine spezifische Therapie mit Antidepressiva sollte daher nur nach gründlicher Diagnostik von spezialisierten Fachärzten der Psychosomatik oder Psychiatrie erfolgen und nur dann angewendet werden, wenn die Fatigue durch eine „echte" Depression ausgelöst wurde oder von ihr begleitet wird und andere Behandlungsmöglichkeiten nicht ausreichen.

GANZHEITLICHKEIT, ERFAHRUNG UND DEMUT

Als Arzt und Wissenschaftler, der sich seit über 25 Jahren auf die verschiedenen gutartigen und bösartigen Erkrankungen der Frau spezialisiert hat, kenne ich die Bedeutung von Erschöpfung für den Menschen. Ich kenne die Möglichkeiten der Diagnostik und der Therapie, kenne aber auch die Grenzen der Behandlungsmöglichkeiten. Daher ist es mir wichtig, ganzheitlich und demütig mit dem Thema Erschöpfung umzugehen. Medizin ist neben ihrem wissenschaftlichen Charakter eine Erfahrungsdisziplin. Daher möchten wir mit diesem Buch unsere Erfahrungen, aber auch die verschiedener Expertinnen und Experten weitergeben.

Ein ganzheitlicher Ansatz ist auch beim Essen und Trinken wichtig. Beides beginnt nicht erst im Mund, sondern viel früher. Es beginnt ab dem Zeitpunkt, an dem Sie sich überlegen, worauf Sie Appetit haben und was Sie zur Zubereitung benötigen.

Machen Sie sich einen Einkaufszettel für Ihre Besorgungen und überlegen Sie, wo sie die Zutaten kaufen möchten. Versuchen Sie, sich schöne Orte zu suchen, Orte, wo Sie vielleicht zu Fuß hingehen und freundlichen Menschen begegnen können. Vielleicht gehen Sie alleine einkaufen, vielleicht aber auch mit Ihrem Partner, Ihrer Partnerin, einer Freundin oder einem Freund.

Nehmen Sie sich Zeit und seien Sie offen für neue kulinarische Inspirationen. Schauen Sie, welches Obst und Gemüse Sie anspricht, lesen oder erfragen Sie, woher die Bananen oder der Granatapfel kommen, berühren Sie das Gemüse und das Obst, riechen Sie daran, gehen Sie auf Ihre ganz persönliche Entdeckungsreise.

Ihr Prof.Dr.Dr. Jalid Sehouli

LEBENSFREUDE TROTZ ERSCHÖPFUNG

Kann man Lebensfreude empfinden trotz Müdigkeit und Erschöpfung? Kann man glücklich sein, auch wenn man krank ist? Dies sind wahrlich nicht die ersten Fragen, die man sich stellt, wenn man sich schlapp, müde und ausgelaugt fühlt. Normalerweise. Aber was ist schon normal? Meine Lebensgeschichte ist es sicher nicht. Und eine normale Krebspatientin war ich auch nicht. Und eine normale Ordensschwester bin ich auch nicht. Wollte ich auch nie sein. Ich lebe viel zu gerne, ich diene gerne, arbeite gerne und genieße. Das Leben. Leidenschaftlich. Ach ja, und ich schreibe gerne aus genau dieser Lebensfreude heraus, die ich meinem guten Gott verdanke, der gelächelt haben muss, als er mich geschaffen hat. Anders kann auch ich mir meine frohe, lebensbejahende und humorvolle Art nicht erklären. Ich hoffe, Sie nicht nur mit köstlichen Rezepten, sondern auch mit inspirierenden Gedanken zu erfreuen.

EINE SCHICKSALHAFTE BEGEGNUNG

Als Co-Autor an meiner Seite habe ich einen der weltweit führenden Krebsspezialisten, den beeindruckenden Arzt aus der Charité in Berlin, Dr. Jalid Sehouli. Ihm verdanke ich mein Leben und mit seiner einfühlsamen, menschenfreundlichen und liebevollen Art ist er mir ein großartiger Freund geworden, mit dem ich so manche Leidenschaft teile: Kochen, Essen, Genießen und wie verrückt die Menschen zu lieben. Wir mussten uns finden.

So eine verrückte und schicksalhafte Begegnung konnte sich nur der Himmel einfallen lassen: Als Buchautorin und Rednerin hielt ich im Bayrischen Wald meinen letzten Vortrag des Jahres 2016 zwischen den Weihnachtstagen. Als ich anschließend die Treppe von der Bühne hinunterkam, stellte mir die Gastgeberin Dr. Heidi Massinger-Biebl, die mich anlässlich ihres 50. Geburtstages eingeladen hatte, einen Doktor vor. Ich begrüßte ihn kurz und war bald darauf nach einer kurzen Signierzeit meiner Bücher schon wieder auf dem Sprung nach Hause. Wir hatten ausgemacht, dass ich nicht groß mitfeiern würde, es waren die heiligen Tage nach Weihnachten und da gehörte ich eigentlich meiner Gemeinschaft. Ich hatte in diesem Jahr schon an die 200 Vorträge gehalten und brauchte dringend ein paar freie Tage.

DIE DIAGNOSE

Als ich während des Lockdowns im Oktober 2020 die schreckliche Diagnose Gebärmutterkrebs erhielt, konnte ich nicht ahnen, wie bedeutend die Begegnung mit dem Doktor vor vier Jahren werden sollte. Als ich Dr. Heidi von meiner Diagnose schrieb, rief sie sofort zurück und erinnerte mich an die Begegnung mit diesem mir unbekannten Arzt. „Das war Dr. Sehouli", erklärte meine Freundin, „der Chef der Gynäkologie in der Charité und einer der wichtigsten Krebsspezialisten dieser Welt."

Dr. Heidi erzählte mir dann auch, dass Dr. Sehouli damals zu ihr gesagt hatte, als ich den Saal verließ: „Sag Schwester Teresa, wenn man so stark ist und Klosterfrau und kein Kind geboren hat, dann könnte es sein, dass mal was in der Gebärmutter ist."

Meine Freundin widersprach ihm damals sofort: „So ein ‚Es könnte sein' sag ich doch keinem Menschen!", weigerte sie sich. Vier Jahre später kontaktierte sie nun sofort den berühmten Doktor und schickte ihm meine Befunde. In der ersten Klinik hatten sie mir kaum Hoffnung gemacht, dass ich diesen bösartigen Tumor überleben könnte.

Dr. Sehouli rief mich schon am nächsten Tag auf dem Handy an, erklärte mir sehr einfühlsam den Befund und eröffnete mir, dass ich nach Berlin kommen könne. Ich brauchte nicht lange für die Entscheidung.

DIE BEHANDLUNG

Er untersuchte mich auf Herz und Nieren, operierte und befreite mich mit seinem großartigen Team in sieben Stunden von dem Tumor. Ich verdanke Dr. Sehouli mein Leben.

Freiwillig zog ich die empfohlene Chemotherapie und die Bestrahlung durch, damit alle Krebszellen vernichtet werden, und im Juni 2021 bekam ich die großartige Nachricht, dass ich krebsfrei bin. Nach einer Reha und kleineren Operation wegen eines Bauchwandbruches konnte ich langsam Ende Oktober wieder zurück ins Leben schreiten. Meine Krebserkrankung wurde zu einem Abenteuer, ich wage sogar „Geschenk" zu sagen, weil ich die Menschen seitdem noch besser verstehen kann. Es dauert eine Weile, bis man von einer Anfängerin im Krebskranksein zu einer mündigen Patientin wird, aber während der ganzen Zeit stand Gottes atemberaubende Liebe für mich an erster Stelle und meine Berufung. Und so habe ich nicht nur täglich in den sozialen Medien alles geteilt, sondern auch jeden einzelnen Tag versucht, wie davor auch, die Menschen zu ermutigen und selbst mutig weiterzuleben.

KOCHEND ZURÜCK INS LEBEN

Ich konzentrierte mich nicht auf die Defizite, sondern auf die Möglichkeiten, die sich aus der Krankheit ergaben. Nachdem ich mich durch eine Menge Krebsliteratur gelesen und Dank sei Gott nur wenig Übelkeit als Folge der Chemo hatte, spürte ich eine große Freude, viele neue Gerichte auszuprobieren. Eines meiner vielen Hobbys war das Kochen, das ich in den letzten Jahren wegen meiner Vortragstätigkeit vernachlässigen musste. Nun hatte ich Zeit dafür.

Ich schickte Fotos von meinen neuen, gesunden Gerichten meinem Dr. Jalid nach Berlin und konnte ja nicht ahnen, dass auch er ein Hobbykoch war – bis er mir plötzlich seine marokkanischen Gerichte zurückschickte. Was für eine Überraschung und welch ein Wink des Himmels! Aus unserer gemeinsamen Liebe zum Kochen entstand während meines Krankenjahres unser erstes Kochbuch der Lebensfreude „Himmel im Mund", mit köstlichen Rezepten und ermutigenden Geschichten. Aus einer so schrecklichen Krebsdiagnose ist etwas Wunderbares entstanden.

DIE IDEE ZU DIESEM BUCH

Als Dr. Sehouli und ich unsere erste gemeinsame Lesung in Berlin hatten, lernten wir die zwei wundervollen Verleger aus dem Styria Verlag in Wien kennen: Matthias Opis und Elisabeth Stein-Hölzl. Wir waren beeindruckt von ihrem Auftritt, verstanden uns sofort und ich sagte sogar hinterher, wir „verliebten" uns in die beiden. Mit dieser Begegnung war der Funke entzündet, etwas Neues zu schaffen, etwas, das Sie nun in den Händen halten dürfen: **„Unsere Energieküche. Die besten Rezepte gegen Erschöpfung und Müdigkeit"** Wir möchten damit das wichtige Thema aufgreifen, das so viele Menschen in diesen letzten herausfordernden Jahren mit Corona, Krieg und so vielen Krebserkrankungen bewegt. Dauerstress und die anhaltende Überforderung haben viele Menschen erschöpft und viele leiden weiterhin unter den Folgen.

MEINE ERFAHRUNG MIT DAUERNDER MÜDIGKEIT

Ich kenne die anhaltende Müdigkeit und Erschöpfung, sie ist eine der häufigsten auftretenden Nebenwirkungen bei einer Krebserkrankung und der Chemotherapie. Viele Krebsbetroffene leiden unter einer speziellen Form von Müdigkeit, die „Fatigue" genannt wird. Sie hinterlässt ein Gefühl emotionaler, geistiger und/oder körperlicher Erschöpfung.

Diese dauernde Müdigkeit war völlig neu für mich. Während der Chemotherapie wurde ich regelmäßig gegen 17 Uhr müde, fing an zu gähnen und gegen 18 Uhr – sogar beim Abendessen – konnte es passieren, dass ich einschlief, noch mit der Gabel in der Hand. Meine Gemeinschaft konnte sich darüber amüsieren. Sie lachten dann und schalteten das Licht ein und aus, bis ich wieder erwachte. Auch bei anderen Gelegenheiten, zum Beispiel auf der Toilette oder am Bettrand, konnte es passieren, dass ich plötzlich einschlief – und eine Stunde später war ich wieder munter.

Besonders nach körperlicher oder bei geistiger Anstrengung, zum Beispiel nach längerem Schreiben oder einer konzentrierten Beschäftigung trat die Müdigkeit auf. Nach der ersten Radiosendung nach der Therapie war ich völlig nass geschwitzt und wie ausgehungert. Es war, als hätte mein Körper eine übergroße Anstrengung vollbracht, dabei war es etwas, das früher für mich ein Klacks gewesen war.

FREUEN ÜBER JEDEN FORTSCHRITT

Ich jubelte über jeden Fortschritt: über das erste Aufsitzen und Aufstehen nach der OP, über die ersten Gehversuche, die ersten Stufen einer Treppe, die ich meistern konnte, und über das erste Mal, an dem ich in aufrechter Position wieder kochen, lesen und schreiben konnte. Ich jubelte auch über meine erste Autofahrt am Steuer. Vor der Erkrankung bin ich zu meinen Vorträgen jährlich fast 70 000 Kilometer selbst am Steuer gesessen. Die ersten fünf Kilometer nach meiner Erkrankung waren ein Kraftakt, den ich kaum in Worte fassen kann.

Die auftretende Müdigkeit begleitet mich selbst zwei Jahre nach der Erkrankung immer noch. Ich fange plötzlich heftig an zu gähnen und mein Körper zeigt mir damit, dass ich eine kleine Ruhepause brauche. Der Schlaf wurde mir, die ich als Kind nie schlafen wollte, plötzlich zum Freund. Inzwischen genügen mir ein paar Minuten mitten am Tag. Danach bin ich wieder die unermüdliche Schwester Teresa.

Ich habe den Krebs überstanden. Selbst er konnte mir die Lebensfreude nicht rauben, deshalb ist meine Motivation für die kommenden Jahre: Ich versuche immer vom Besten auszugehen. Ich werde auch meine Müdigkeit und Erschöpfung besser in den Griff bekommen. Aber vor allem jeden Augenblick meines neuen Lebens dankbar genießen und meiner Berufung, Menschen zu ermutigen, weiter folgen.

SO WAS KANNTE ICH NOCH NICHT

So was kannte ich noch nicht.
Immer müde zu sein.
Übermüdet.
Zum Erklären.
Zum Denken.
Zu müde zum Essen.
Sogar zum Schlafen.
Doch Du siehst in mir,
was ich nicht mehr sehe.
Ich bin kostbar und einzigartig.
Geschaffen, um geliebt zu werden.
Ich muss niemandem etwas beweisen.
Bin etwas schwächer,
etwas erschöpfter, etwas müder.
Aber immer Dein geliebtes Kind.

Schwester Teresa

WAS TUN, WENN MAN SICH ERSCHÖPFT FÜHLT?

Erst einmal ist es ein gutes Zeichen, wenn man bemerkt, dass man erschöpft ist. Es zeigt, dass man seinen Körper und seine Seele spürt. Zu häufig gehen wir an unsere körperlichen und seelischen Grenzen und überhören dabei die Alarmsignale, die uns unser Körper und unsere Psyche senden. Wir machen immer weiter, ganz ohne den Blick auf uns selbst zu richten.

RUHEINSELN IM ALLTAG

Die beste Therapie ist, wie bei vielen anderen Dingen auch, natürlich die Vorbeugung. Am besten ist es also, wenn man es gar nicht erst bis zur völligen Erschöpfung kommen lässt. Jede und jeder kann sich kleine Ruheinseln erschaffen und diese in den Alltag integrieren. Sobald man erschöpft ist, kann man sich auf solch einer Ruheinsel regenerieren. Dafür ist es wichtig, das Gefühl der Erschöpfung erst einmal anzunehmen. Das Empfinden, erschöpft zu sein, ist kein Beleg für Schwäche, es ist erst einmal ganz normal und menschlich. Fühlen wir uns erschöpft, gilt es also, die Erschöpfung wahrzunehmen und sie vorerst auch zu akzeptieren. Ist sie zu groß oder dauert sie zu lang, sollten wir natürlich professionelle Hilfe suchen und diese annehmen.

Wann sollte man professionelle Hilfe suchen und zum Arzt gehen?

- Wenn die Müdigkeit über längere Zeit (zum Beispiel einige Monate) andauert.
- Wenn weitere Symptome, wie ungewollter Gewichtsverlust, Fieber oder Schmerzen hinzukommen.
- Wenn die Müdigkeit als sehr belastend empfunden wird.

REZEPTE, DIE APPETIT MACHEN

Jede Art von Erschöpfung berührt die körperliche und die seelisch-psychische Ebene. Wir versuchen mit unseren Rezepten beide Ebenen zu berücksichtigen. Für den Anfang gilt: Setzen Sie sich nicht zu sehr unter Druck. Die Gründe und die Mechanismen, die zur Erschöpfung führen, sind sehr komplex und zu großen Teilen wissenschaftlich auch noch nicht vollständig geklärt. Überfordern Sie sich nicht, ignorieren Sie aber bitte auch nicht Ihre Erfolge.

Essen soll Ihnen Freude schenken, keinen zusätzlichen Stress bereiten. Essen soll Ihnen neue Perspektiven ermöglichen. Nutzen Sie das Kochen und Essen, um mit sich selbst und mit anderen in Dialog zu treten.

Wir wollen Ihnen mit unseren Rezepten Appetit machen, Lust auf etwas ganz Besonderes machen, um sich zu zelebrieren. Appetit kann durch Bilder, Gerüche und Erinnerungen geweckt werden, suchen Sie daher nach Ihren Lieblingsgerüchen und erwecken Sie damit Ihre Sinne. Laden Sie Ihre Liebsten zum Essen ein und schaffen Sie damit ganz neue und schöne Erinnerungen für sich selbst.

DER UNTERSCHIED ZWISCHEN EINEM ERSCHÖPFUNGSSYNDROM UND EINER DEPRESSION

Was unterscheidet eine Fatigue von einer Depression? Fatigue, das Erschöpfungssyndrom, ist im Allgemeinen ein anhaltendes Gefühl von Müdigkeit, Schwäche oder Erschöpfung, das nicht allein durch Ruhe oder eine einfache Erholung und viel Schlaf beseitigt wird. Es gibt eine Vielzahl von Faktoren und Erkrankungen, die Auslöser, aber auch Verstärker eines Erschöpfungssyndroms sein können. Hierzu zählen unter anderem Schlafstörungen, Stress, Infektionen, Medikamente und bestimmte Erkrankungen wie Krebserkrankungen, Multiple Sklerose oder Stoffwechselstörungen, wie Diabetes mellitus oder Schilddrüsenerkrankungen (sowohl Über- als auch Unterfunktion). Auch die Ernährung kann Ursache oder Verstärker eines Erschöpfungssyndroms sein. Dies erschließt sich sofort bei Nährstoffmangel, wie Eisen- oder Folsäuremangel, die beispielsweise eine Blutarmut verursachen oder auch bei Unterernährung. Aber auch bei starkem Übergewicht mit Folgen auf das Herz-Kreislauf-System und den Stoffwechsel (Diabetes) kann die Ernährung Ursache und Verstärker des Erschöpfungszustandes sein.

Die Depression hingegen ist eine spezifische psychische Erkrankung, die durch anhaltende Traurigkeit, negative Gedanken und Hoffnungslosigkeit sowie den Verlust von Freude und von Interessen charakterisiert sein kann. Auch körperliche Symptome wie Schlafstörungen, Appetitlosigkeit und körperliche Beschwerden können bei einer Depression auftreten. Diese Erkrankung kann entweder psychisch durch Stress oder Traumata verursacht sein oder aber rein organische Ursachen haben. In diesem Fall spricht man von einer endogenen Depression.

Um eine korrekte Diagnose stellen zu können, ist es sehr wichtig, eine gründliche Anamnese und eine körperliche Untersuchung durchzuführen sowie verschiedene Laboranalysen zu beauftragen, um andere Differenzialdiagnosen auszuschließen. Die möglichen Ursachen und Behandlungsansätze müssen im Anschluss diskutiert werden.

Trotz eingehender Untersuchung kann sich die Unterscheidung eines Erschöpfungssyndroms von einer echten Depression sehr schwierig gestalten und die Konsultation verschiedener Berufsgruppen notwendig machen. Je nach Beschwerdebild können das zum Beispiel Kardiologen, Endokrinologen oder Kollegen der Psychosomatik sein.

LEITFADEN ZUR DIAGNOSE VON FATIGUE

Falls Sie sich entscheiden, einen Arzt zu konsultieren, kann Ihnen dieser Leitfaden als Orientierung dienen.

KRANKENGESCHICHTE

Versuchen Sie im Vorfeld die folgenden Fragen zu Ihrer Krankengeschichte zu beantworten.

- Wie äußert sich die Erschöpfung? Wann tritt sie auf?
- Wie verändert sich die Erschöpfung bei Ruhe, wie bei körperlicher Belastung?
- Wie äußert sich die Erschöpfung im privaten und beruflichen Leben?
- Wann fingen die ersten Symptome an? Gab es einen Auslöser? Waren Sie davor an irgendetwas erkrankt, hatten Sie zum Beispiel eine Infektion oder einen Unfall?
- Welche körperlichen und psychischen Symptome liegen bei Ihnen vor?

KÖRPERLICHE UNTERSUCHUNG

Eine detaillierte körperliche Untersuchung kann helfen, zugrunde liegende Erkrankungen auszuschließen. Dies kann die Inspektion der Haut und das Abtasten der Schilddrüse, des Lymphknotenstatus ebenso wie das Abhören des Herzens und der Lunge sowie das Abtasten des Bauchraumes umfassen.

LABORUNTERSUCHUNGEN

Mittels Laboranalysen können häufig bestimmte Symptome erklärt und spezifische medizinische Maßnahmen eingeleitet werden. Im diagnostischen Fokus steht besonders das Blutbild: Liegt eine Blutarmut vor oder gibt es Hinweise für eine Infektion? Zudem wird der Gehalt an den Blutsalzen Kalium und Natrium bestimmt. Auch die Nierenfunktion (Kreatinin, Harnstoff), die Leberenzyme und der Ausschluss einer Schilddrüsenüber- oder -unterfunktion werden mittels Blut- und Urintests diagnostiziert. Je nach Symptomatik und Auffälligkeiten in den Laboruntersuchungen können sich weitere Untersuchungen anschließen.

Symptome, die auf eine Fatigue-Problematik hinweisen können:

- **starke Müdigkeit und hoher Energiemangel**
- **anhaltende Schlaflosigkeit und/oder übermäßiges Schlafbedürfnis ohne Erholungseffekt**
- **andauerndes Unwohlsein (mehrere Stunden oder Tage) nach körperlichen und geistigen Anstrengungen**
- **allgemeinen Schwäche und/oder schwere Glieder**
- **emotionale und psychische Erschöpfungszeichen: z. B. Niedergeschlagenheit, Frustration, Reizbarkeit, Angst, Traurigkeit und ein Gefühl von Depression**
- **zunehmende Konzentrationsstörungen**
- **ein Mangel an Motivation, alltäglichen Aktivitäten nachzugehen**

ANNEHMEN DER ERSCHÖPFUNG IST DER ERSTE SCHRITT ZUR BEWÄLTIGUNG

Es ist ganz normal, bei einer Krebserkrankung erschöpft und müde zu sein. Aber ebenso normal ist es, nach einem langen, stressigen Arbeitstag oder einer langen Autofahrt erschöpft zu sein. Wir sind geschaffen, um etwas zu tun – und am Abend davon müde zu sein ist das Natürlichste von der Welt. Deswegen hat Gott Tag und Nacht erschaffen. Viele von uns haben aber noch nie darüber nachgedacht, dass nach der Bibel der Tag nicht am Morgen, sondern eigentlich am Abend beginnt.

IN DER RUHE LIEGT DIE KRAFT

„Es wurde Abend, es wurde Morgen, erster Tag." Tatsächlich beginnt der neue Tag am Abend, wenn der erste Stern am Himmel steht. Und was dürfen wir als Allererstes tun? Schlafen. Genau.

So gut hat es Gott mit uns gemeint: Wir dürfen uns erst ausruhen und dann in den Tag starten. Und es wird noch besser: Wir dürfen uns nicht nur nachts ausruhen, Gott plante dafür sogar einen ganzen Wochentag ein. Gott selbst ruhte am siebten Tage. Wie herrlich. Der Sonntag ist als FEIER-Tag von unserem Schöpfer erdacht, was ich sehr gerne wörtlich nehme.

Noch immer gilt der Sonntag in den meisten vom Christentum geprägten Ländern als wöchentlicher Feiertag, an dem in fast allen Kirchen der Gottesdienst gefeiert wird als Feier von Tod und Auferstehung Christi am „ersten Tag der Woche" (Mt 28,1). Eben! Der erste Tag der Woche ist eigentlich der Sonntag, nicht der Montag. Wir dürfen und sollen uns am ersten Tag der Woche ausruhen. Allerdings, wenn man wie ich und meine Gemeinschaft in der Seelsorge und als Gemeindereferentin tätig ist, dienen wir eben auch am Sonntag. Dafür haben wir am Montag, ebenso wie viele Priester, unseren Ruhetag. Doch als Seelsorgerin bin ich eigentlich jeden Tag 24 Stunden erreichbar.

EINE GANZ NEUE ERFAHRUNG

Für mich, die ich immer voller Energie war, war die Erfahrung von Müdigkeit und Erschöpfung umso einschneidender. „Okay", dachte ich mir. „Wenn Du mich, guter Gott, heute müde haben willst, dann soll es eben so sein! Da ich es eh nicht ändern kann, nehme ich es jetzt an, so wie es heute ist." Ich haderte nicht damit, sondern schaute, was möglich war.

Für mich ist es heute noch unfassbar, wegen der Krebsdiagnose über ein Jahr krankgeschrieben gewesen zu sein. Ich konnte es kaum abwarten, bis wieder die Vorträge anfingen und ich in mein normales Leben zurückkehren konnte. Tatsächlich ging und geht das aber langsamer als gedacht. Ich bin noch weit von dem Pensum entfernt, das ich zu leisten imstande war. Meine Follower staunen über mich und schreiben mir in ihren Kommentaren häufig, dass ich es langsamer angehen lassen soll. Aber sie bedenken nicht, dass für mich alles Training ist – und pure Lebensfreude.

JEDER TAG EIN FEST

Ich liebe es, das zu tun, was ich tun darf, und jeder Tag ist für mich ein Fest. Jedes Wort, das ich schreibe, soll nicht nur ein Wort sein, sondern berühren, manchmal umarmen, ermutigen, erheitern oder trösten wie ein Gedicht. Jedes Gericht, das ich koche, soll voller Genuss und Liebe sein, auf Dauer die Gesundheit meiner Liebsten und meine eigene steigern und damit die Lebensqualität verbessern. Und ich möchte noch so viel tun in meinem Leben. Jetzt erst recht, da ich wieder da bin. Teresa 2.0 sozusagen. Aber eben in einem neuen Tempo, einer durch die Müdigkeit eingeschränkteren Art und Weise, aber immer noch auf meine Weise.

DIE SCHATZSUCHER

Wollen wir Schatzsucher werden?
Trotz Müdigkeit und Erschöpfung.
Schatzsucher von etwas Schönem.
Jeden Tag.
Jeden Tag Schönes entdecken.
Etwas Schönes anschauen oder betrachten.

Etwas Schönes riechen.
Etwas Wunderschönes hören.
Etwas köstlich Schönes kosten und genießen.

Etwas Schönes fühlen und umarmen.
Etwas Schönes denken.
Etwas bezaubernd Schönes sagen:
Ich bin schön und Du bist schön.
Wunderschön.

Schwester Teresa

GESUNDE KÖSTLICHKEITEN

Ich habe mich durch die Krebserkrankung gesund geschlemmt und das Kochen hat mir meine Lebensfreude zurückgegeben. Und ich habe weiter experimentiert und dabei bemerkt, wie viele raffinierte Zutaten, Gewürze, Öle, Gemüse- und Obstsorten mir dabei geholfen haben, wieder fitter zu werden und meine Müdigkeit zu überwinden. Voller Staunen und Dankbarkeit bin ich meinem Gott gegenüber, der sich so viele gesunde Köstlichkeiten für uns ausgedacht hat. Und ich staune über den Körper, den er uns geschaffen hat, ganz so, wie Dr. Jalid zu sagen pflegt: „Wir haben viel mehr gesunde Zellen als erkrankte und auf diese sollen wir uns konzentrieren." Es ist unfassbar, was unser Körper imstande ist auszuhalten.

SIE SIND KOSTBAR

Wir sind aber nicht nur Körper, wir haben auch Geist und eine beeindruckende Seele. Wir sind nicht nur Herz, Darm oder Arme, wir sind ganzheitliche Menschen und sollten uns auch so betrachten. Wir sollten nie unterschätzen, was unsere Seele fähig ist auszuhalten, aber wenn die Seele leidet, wird eben auch der Körper krank. Und jeden von uns erwischt es an der schwächsten Stelle.

Manche haben ständig Rückenschmerzen. Wer weiß, wie viel Rückgrat sie gerade im Leben brauchen. Bei anderen liegt ständig etwas im Magen und wieder andere sehen kein Licht mehr am Horizont. Das ist etwas, was niemand, auch kein Arzt, von außen erkennen kann. Wir haben so viele depressive Menschen und jeden von uns kann es erwischen. Durch Mobbing, den Verlust eines geliebten Menschen, durch eine nicht enden wollende Krankheit oder auch durch Erschöpfung. Und was allein ein böses oder gemeines Wort in einem Menschen fähig ist anzurichten! Und wie andererseits ein heilsames, liebevolles, zärtliches, verständnisvolles oder hoffnungsvolles Wort Licht in dic Dunkclheit eines Menschen zurückbringen kann!

Weil Sie so wertvoll und einzigartig sind, so kostbar und ein Wunder für diese Welt – deshalb haben wir dieses Buch geschrieben. Wir möchten Ihnen Mut machen und Sie in einer vielleicht schwierigeren und erschöpfteren Phase Ihres Lebens ein kleines Stück auf Ihrem Weg begleiten. Fühlen Sie sich umarmt. Und darauf, wie wichtig eine Umarmung ist, werden wir in diesem ungewöhnlichen Kochbuch auch noch eingehen.

MEINE LIEBE ZU GRÜNEM TEE

Eigentlich müsste ich jetzt in Berlin sitzen – in einer mir vertrauten Brasserie – und diese Zeilen schreiben. Vor Corona und meiner Erkrankung gönnten wir uns jedes Jahr zum Start eines neuen Buches ein paar freie Tage zum Schreiben. Bevor wir mit diesem schönen Ritual anfingen, war ich nur drei Mal zu Vorträgen in der Hauptstadt eingeladen gewesen: einmal vor 300 jungen Arzthelferinnen, dann bei Caritasmitarbeitern und schließlich als Jurorin zum Auftakt einer Fastenaktion des Bonifatiuswerkes.

GROSSSTADT-ATMOSPHÄRE

Berlin verbinde ich deshalb mit der Geburt eines neuen Buches. Viele meiner 24 Bücher nahmen dort ihren Anfang. Andere Autorinnen brauchen zum Schreiben Stille, Natur oder Zurückgezogenheit. Ich dagegen sitze gerne gemütlich an meinem Lieblingstisch in meiner Lieblingsbrasserie am Ku'damm, genieße einen Cappuccino oder Tee und tauche ein in die Atmosphäre der Großstadt. Zu gerne beobachte ich die Menschen, wie sie vorbeischlendern oder sich an den Tischen rege unterhalten, essen, trinken, Zeitung lesen oder am Handy chatten. Mit meiner Lieblingsmusik im Ohr in Stimmung gebracht, fließen dann die Worte nur so in meinen Laptop.

Und während ich einige Stunden versunken schreibe, erobert Pfarrer Franz die Museen und neuesten Kunstausstellungen. Wenn er mich dann ganz beseelt abholt, trunken von Farbe und Schönheit, trinken wir unseren Nachmittagstee. So wie seit fast 30 Jahren, seit wir die Kleine Kommunität gegründet haben.

Am Nachmittag pflegen wir Kräutertee zu trinken, den wir uns aus der Benediktinerinnen-Abtei der hl. Hildegard von Bingen, die ich sehr verehre, regelmäßig bestellen, um die Schwestern zu unterstützen. Aber wenn ich auf Vortragstour bin oder an einem unserer seltenen freien Tage, probieren wir gerne etwas Neues aus.

So war es auch in einem der Berliner Hotels, wo wir uns vor vielen Jahren nachmittags einen Tee zubereiten ließen. Er schmeckte köstlich. Nicht in einem Teebeutel serviert, sondern in einer kleinen, gewärmten, weißen Kanne lose in einem Sieb. Der Kellner kannte sich wohl sehr gut aus und erklärte uns, wie wir ihn trinken sollten.

MUNTERMACHER

Der Tee machte uns sofort munter und natürlich erkundigten wir uns nach dem Namen. Es war ein Sencha-Tee. Wir hatten uns sofort in diesen Tee verliebt und anfangs war uns gar nicht bewusst, dass es sich um grünen Tee handelte.

Der nette Kellner erklärte uns, dass viele Menschen grünen Tee nur deshalb nicht mögen würden, weil sie ihn falsch zubereiteten. „Der erste Aufguss ist für den Feind", erklärte er uns. „Der zweite Aufguss für den Freund und der dritte Aufguss – der beste – für sich selbst." Wie schauten uns verwirrt an. Für mich war klar, dass ich ohne einen Sencha-Tee Berlin nicht verlassen würde.

Und wo findet man so etwas Besonderes als Tourist in Berlin? Natürlich in der Lebensmittelabteilung des KaDeWe. Aber wir konnten ja nicht ahnen, wie viele Sorten es dort gab! Wir ließen uns beraten und rochen an unzähligen Teeblättern. Zu Hause probierten wir es aus. Und der Kellner hatte recht: Der erste Aufguss schmeckte bitter und hatte nichts gemein mit dem köstlichen Tee, den wir in Berlin getrunken hatten. Also wurde Wasser nachgeschüttet und der zweite Aufguss war schon viel besser. Der dritte aber war klasse. Das war der herrliche Geschmack, den wir gekostet hatten. Seit über 25 Jahren trinken wir nun frühmorgens immer unseren grünen Tee, später dann brauche ich meinen Cappuccino und am Nachmittag genießen wir unsere Bio-Kräutertee-Mischung aus den Gärten der Benediktinerinnen.

Im Frühjahr 2020 hatte ich dann eine wundervolle Einladung erhalten vom Domprediger des Berliner Domes. Ich war zur Fastenpredigt eingeladen worden. „Sie müssen endlich in die Hauptstadt kommen", stand in der Mail. Was für eine Ehre für mich und wie freute ich mich! Aber dann kamen Corona und der Lockdown und im Herbst meine Krebsdiagnose. Nun wurde Berlin für mich der Ort meines Überlebenskampfes und des Abenteuers meiner wundersamen Errettung in der Charité.

GESUNDER GENUSS

Mein guter Dr. Jalid, der mich operiert und mein Leben gerettet hat, schrieb mir während der anschließenden Chemotherapie im Frühjahr 2021, ich solle viel grünen Tee trinken. Ich schmunzelte und runzelte gleichzeitig die Stirn. Dieser Ratschlag half mir gerade gar nicht. Denn nun löste schon der Geruch von grünem Tee bei mir Übelkeit aus. Ich klärte ihn auf, dass wir seit 25 Jahren grünen Tee trinken würden, aber ich ihn im Moment nicht hinunterbekäme. Sofort schrieb er mir: „Natürlich, Du weißt am besten, was Dir guttut." Ein paar Monate später konnte ich ihm mit großer Freude verkünden: „Jalid, der grüne Tee schmeckt mir wieder, und wie!" Er freute sich mit mir – und ich dankte meinem guten Gott. Durch meine schwere Krebserkrankung motiviert, wollte ich allen Lebensmitteln und Getränken genau auf den Grund gehen. Ich hatte so viel mitgemacht, und das Kochen und Genießen brachten mir meine Lebensfreude zurück.

MÜNDIGE PATIENTIN

Doch nicht nur neue Rezepte, Zutaten und Geschmacksnuancen interessierten mich, mich interessierte einfach alles. Dr. Jalid spürte von Anfang an, dass ich alles ganz genau wissen wollte. Ich ließ mich über jeden medizinischen Eingriff genau aufklären, ich war eben Schwester Teresa. Leider hatte ich auch mit unsensiblen Ärzten zu tun, für die ich nur eine Nummer war. Sie ließen mich und andere spüren, dass wir nur Patientinnen waren und keine Ahnung hatten. Was sie dabei übersahen: Es waren unsere Leben, unsere Körper und unsere Seelen. Wir hatten das Recht, nachzufragen, und auch das Recht, gegebenenfalls „Nein" zu sagen. Am Ende meiner Krankheit, als ich eine mündige Patientin wurde, ließ ich mir solch ein Verhalten nicht mehr bieten.

Und ich hatte auch das Glück, mit Dr. Jalid ein wunderbares Beispiel von einem Arzt geschenkt bekommen zu haben. Er war sensibel und einfühlsam – und bald schon hatten wir eine gemeinsame Agenda: Lebensfreude, Lebensgenuss und Lebensqualität des Menschen steigern.

DAS GEHEIMNIS DES MATCHA-TEES

Wir hatten nicht nur gemeinsam unser erstes Kochbuch „Himmel im Mund" geschrieben, ich hatte mich auch gesund geschlemmt. Und es war klar, dass wir weitermachen wollten. Damals kam mir die Idee eines Matcha-Frischkäsekuchens. Er schmeckte einfach köstlich. Daraufhin vertiefte ich mich in das Geheimnis des „Matcha". Es ist grüner Tee, der zu sehr feinem Pulver vermahlen wird. Allerdings ist der Aufwand der Matcha-Herstellung enorm und hochinteressant. Der grüne Tee, der an einem Strauch wächst, wird ca. vier Wochen vor der eigentlichen Ernte mit Netzen beschattet, sodass die Blätter weniger direkter Sonneneinstrahlung ausgesetzt sind. Durch die Beschattung entwickeln die Blätter ihre wunderschöne dunkelgrüne Farbe und ihr einzigartiges Aroma. Diese Beschattung kurz vor der Ernte ist ein ganz bedeutender Unterschied zu den gewöhnlichen grünen Teesorten, die in der prallen Sonne bleiben.

Beim Matcha-Tee werden die Teeblätter noch mit der Hand gepflückt und von groben Blattteilen oder Stängeln befreit. Nur das feine Blattinnere wird nach dem Trocknen in Steinmühlen aus Granit zu superfeinem Mehl gemahlen. Dies geschieht sehr, sehr langsam, damit nicht zu viel Hitze durch die Reibung entsteht. Auf diese Weise bleibt das wundervolle Aroma des edlen Tees erhalten. Für mich ist Matcha ein einzigartiger, megagesunder Genuss, aus dem ich nicht nur die Energie-Pralinen (Seite 88) für unser Kochbuch gezaubert habe, sondern auch das Rezept für meine eigene Himbeer-Matcha-Schokolade (Seite 97).

Für 4 Portionen | 2 Minuten Vorbereitungszeit | 5 Minuten Gesamtzeit

MATCHA-TEE

ZUTATEN

4 g Matchapulver
1 Prise Liebe ♥

ZUBEREITUNG

Das Matcha-Pulver in eine Schale sieben.

400 ml Wasser auf 60–80 °C erhitzen. Zum Matcha-Pulver gießen und die Mischung mithilfe eines Schneebesens oder Matcha-Besens schaumig schlagen. Der Matcha-Tee muss nicht ziehen. Direkt auf Tassen verteilen und genießen.

„Matcha-Tee lässt sich herrlich einfach zubereiten und wird immer mehr zum Kultgetränk und einer Art Jungbrunnen für viele Menschen. Ich habe mir ein japanisches Matcha-Set gekauft, mit dem Bambusspaten, der Matcha-Schale und dem typischen Matcha-Besen. Beim Rühren soll man mit dem Handgelenk z-förmige Bewegungen ausführen und es sollen sich kleine Bläschen bilden. Mit meinem Matcha-Tee fühle ich mich wie bei einer japanischen Tee-Zeremonie und mache auf diese Weise jeden Tag zu Hause für ein paar Minuten Urlaub. Ich stärke mich mit dem cremigen und gesunden Tee, der mild, zartbitter, dezent süß und voller Charakter schmeckt."
Schwester Teresa

TIPP

Das Wichtigste ist: Das Wasser darf nicht heißer sein als 80 °C. Sonst sind die vielen guten Inhaltsstoffe dahin und der Tee schmeckt bitter.

Wussten Sie auch schon, warum Matcha-Tee so gut wachhält und so viel Energie spendet? Er enthält jede Menge „Teein" – so wird das Koffein bei Teegetränken genannt. Zudem ist er reich an Vitaminen. Gegenüber Kaffee hat Matcha den Vorteil, dass Teein erst im Darm seine energetische Wirkung entfaltet und deutlich sanfter und lang anhaltender als Koffein wirkt.

TIPP

Der Minztee schmeckt hervorragend und die traditionelle Zubereitung ist ein wunderschönes Ritual, um zur Ruhe zu kommen und neue Energie zu tanken. Im Winter geben die Marokkaner etwas Wermutkraut („Shiba") dazu, dieses soll das Immunsystem anregen. Im Sommer verfeinern Orangenblüten, die eine beruhigende und entspannende Wirkung haben, den Tee. Wenn einem der Tee zu bitter erscheint, dann etwas Zucker oder besser etwas Honig beimengen.

MEINE KLEINE GESCHICHTE ZU MAROKKANISCHEM MINZTEE

Der marokkanische Tee ist für mich der Inbegriff von Toleranz und Weltoffenheit. Daher sollte man ihn stets zelebrieren, am besten mit Menschen, die einem sehr viel bedeuten oder bei denen man bereit ist, eine besondere Beziehung mit ihnen einzugehen. Obwohl ich in Berlin geboren bin, ist dieser Tee für mich ein Lebenselixier. Nicht nur, dass er nach einem deftigen Essen wohltuend wirkt, er rundet für mich auch einen Lebenstag in besonderer Weise ab.

SCHÖNE ERINNERUNGEN

Wenn ich marokkanischen Minztee trinke, bin ich wieder Kind und erinnere mich an die langen Reisen von Berlin nach Tanger mit meinen Eltern und Geschwistern. Wir durchquerten die großen Länder stets auf den Landstraßen, da für uns die Maut auf der schnellen Autobahn zu teuer war. Bevor wir uns nach einer Pause wieder auf den Weg machten, kochte Mutter auf einem kleinen Gaskocher stets Tee für uns. Irgendwie schützte uns der Tee vor der sengenden Sommerhitze und vor Autopannen. Und mit jedem Schluck Tee wuchs unsere Vorfreude auf Marokko. Bei der Rückfahrt, wenn wir traurig waren, weil wir Marokko wieder verlassen mussten und der Urlaub vorbei war, war es genau andersrum. Der Tee tröstete uns mit jedem Schluck und linderte unsere Melancholie.

Für 1 Kanne | 3 Minuten Vorbereitungszeit | 10 Minuten Gesamtzeit

MAROKKANISCHER MINZTEE – TRADITIONELL ZUBEREITET

ZUTATEN

1 Bund frische marokkanische Minze
1 EL chinesischer Gunpowder-Tee (grüner Tee)
Honig oder Zucker nach Geschmack
1 Prise Liebe ♥

ZUBEREITUNG

Die Minze waschen und abtropfen lassen.

Den chinesischen Gunpowder-Tee in eine Kanne geben, die auf dem Herd verwendet werden kann, und mit etwa 50–75 ml siedendem Wasser aufgießen. 1 Minute ziehen lassen, in ein Glas füllen und für später zur Seite stellen.

Den Gunpowder-Tee erneut mit siedendem Wasser übergießen und das Wasser sofort abgießen. Dieser zweite Aufguss wird nicht aufgehoben.

Nun den ersten Aufguss zurück in die Kanne gießen und den Gunpowder-Tee ein drittes Mal mit etwa 350–450 ml siedendem Wasser, je nach Größe der Kanne, aufgießen. Die Kanne bei hoher Temperatur auf den Herd stellen und den Tee 3–5 Minuten kochen. Die Kanne vom Herd nehmen und dann die Minze mitsamt Stängeln hineingeben. Nach Geschmack mit Honig oder Zucker süßen.

Hier beginnt nun der schönste Moment der marokkanischen Tee-Zeremonie: Anstatt mit einem Löffel umzurühren, wird etwas Tee aus der Kanne aus etwa 10 bis 20 cm Höhe in ein kleines Glas gegossen. Dieser Tee aus dem Glas wird dann zurück in die Kanne gegossen. Das wird zwei- bis dreimal wiederholt.

Sofort genießen und, falls etwas übrig bleibt, abgießen, damit der Gunpowder-Tee nicht weiterzieht.

PROPHET ELIJA HAT SEINEN APPETIT VERLOREN

Mich inspiriert die Geschichte des Propheten Elija. Nach einem mächtigen Eingreifen Gottes, einer Wundererfahrung im Kampf gegen die Baalspriester, bekommt es der Diener Gottes mit der Angst zu tun. Er befürchtet, man trachte ihm nach dem Leben. Statt durch das Eingreifen Gottes ermutigt zu sein und jetzt noch mehr an Gott zu glauben und ihm zu vertrauen, hat Elija Angst. Todesangst! Hätte sein Vertrauen in Gott nicht gestärkt sein müssen? Aber so sind wir Menschen eben.

Elija flüchtet in die Wüste und rennt offensichtlich in einen Burn-out. Die ganze Situation führt ihn schließlich in eine tiefe Depression. Alle Lebenslust ist mit einem Schlag verloren. Der Prophet Elija, so erzählt es die Bibel, legt sich unter einen Ginsterstrauch und will nur noch sterben. Er will nicht mehr und er kann nicht mehr. Er fühlt sich überfordert und als Versager. Er ist durch die Situation zutiefst erschöpft. Auch die Stärksten haben mal einen Durchhänger.

Und was tut Gott? Er macht ihm keine Vorwürfe, sondern er schickt ihm einen Engel, der ihn ermuntert, aufzustehen und erst einmal etwas zu essen! Gott weiß, was Elija braucht, und er hat ein Gespür für die Bedürfnisse seines Dieners. Manchmal braucht der Körper erst einmal neue Energie. So was von sympathisch! Gleich zweimal wird Elija von einem Engel gebeten, zu essen und zu trinken. Ein Krug mit Wasser und frisches Fladenbrot stehen bereit.

Nachdem er gegessen und getrunken hat, ist Elija bereit, seinen Kummer auszusprechen. Er vertraut sich seinem Gott wieder an. Und dieser beschenkt ihn später mit seiner Gegenwart. Nicht in Form eines mächtigen Sturms, anderer Naturgewalten oder einer Erscheinung, nein, in Form eines leisen Säuselns, eines friedvollen Windhauchs, einer zärtlichen göttlichen Berührung.

APPETITVERLUST – WAS TUN?

Appetit ist wissenschaftlich noch nicht gänzlich erforscht und wird von vielen, teilweise unbekannten Faktoren beeinflusst. Auch Appetitverlust kann ganz unterschiedliche Ursachen haben: körperliche und seelische Erschöpfung, große Müdigkeit, eine bedrückte Gemütslage oder auch äußere Einflüsse, wie ein unangenehmes Umfeld. Aber auch wenn das Essen lieblos zubereitet und aufgetischt wird, kann es schwerfallen, Appetit zu entwickeln.

INSZENIERUNG DER SPEISEN

Daher kommt nicht nur dem Gericht selbst, sondern auch der Inszenierung der Speisen eine besondere Rolle zu. Buntes Geschirr oder goldenes Besteck kann für eine schöne und besondere Atmosphäre sorgen. Holen Sie auch mal Ihre schönsten Platten und Schüsseln hervor und vergessen Sie nicht, eine Kerze anzuzünden, immer ganz nach dem Motto: „Das Auge isst mit." Wenn es das Wetter zulässt, dinieren Sie doch auf dem Balkon oder der Terrasse und machen Sie einen kleinen Spaziergang vor dem Mahl. Schauen Sie auch nach rechts und links und holen Sie sich kulinarische Inspiration von fremden Kulturen. Recherchieren Sie nach deren Lieblingsgerichten und nach deren Rezepten gegen Müdigkeit, Erschöpfung und Appetitlosigkeit.

DIE SOZIALE KOMPONENTE

Auch Ihre Gesellschaft ist wichtig. Wer isst mit Ihnen? Eine angenehme Atmosphäre, Freude und Lachen sind wichtige Mittel gegen Appetitlosigkeit. Amerikanische Forscher haben in einer Studie zeigen können, dass Lachen auf die Appetitregulation einen ähnlichen Einfluss hat wie leichte sportliche Betätigung. Die Arbeitsgruppe von Lee Berk von der Loma Linda University untersuchte bei den Teilnehmenden die jeweiligen Konzentrationen der für die Appetitregulation so wichtigen beiden Hormone Leptin und Ghrelin im Blut. Die Blutentnahmen erfolgten bevor und nachdem die Probanden und Probandinnen ein 20-minütiges Video angesehen hatten. Die Forscher zeigten einer Gruppe die ersten aufwühlenden Szenen des emotionalen Kinofilms „Der Soldat James Ryan", der anderen Gruppe wurden lustige Inhalte gezeigt. Die Ergebnisse waren eindeutig: In der lachenden Gruppe war die Blutkonzentration von Leptin deutlich niedriger als in der anderen Gruppe. Außerdem war in der lachenden Gruppe die Konzentration des Hormons Ghrelin deutlich erhöht, was sonst besonders bei sportlichen Aktivitäten der Fall ist.

Wenn Appetitverlust über längere Zeit besteht, sollten Sie bitte unbedingt Ihre Ärzte aufsuchen, um den Ursachen nachzugehen. Appetitverlust kann auf verschiedene Krankheiten wie Infektionen und Stoffwechselstörungen hinweisen, aber auch von Medikamenten oder einem ungesunden Lebensstil herrühren.

NATÜRLICHE APPETITANREGER

Immer wieder wird speziellen Kräutern, Gewürzen und anderen Nahrungsmitteln eine appetitsteigernde Wirkung zugeschrieben. Dies kann aber individuell sehr unterschiedlich ausfallen. Probieren Sie die folgenden Nahrungsmittel also aus und beobachten Sie sich selbst. Sie können am besten beurteilen, ob der ein oder andere Ratschlag bei Ihnen appetitanregend wirkt oder nicht.

KRÄUTER UND GEWÜRZE

Bärlauch, Basilikum, Chili, Dill, Estragon, Fenchel, Ingwer, Knoblauch, Kresse, Kurkuma, Lorbeer, Meerrettich, Rosmarin, Schnittlauch, Senf, Wermut, Zimt und Zwiebeln

GEMÜSE- UND OBSTSORTEN

Artischocken, Chicorée, sauer eingelegte Gurken, Limetten, Radicchio, Radieschen, Rote Bete, Rettich, Rucola, Silberzwiebeln und Zitronen

GETRÄNKE

bitterstoffhaltige Getränke wie alkoholfreies Bier, Ginger Ale, Malzbier, Pepsinwein und Tonic Water; säurehaltige Gemüse- und Obstsäfte wie Granatapfelsaft, Johannisbeer-, Orangen- und Ananassaft, aber auch Tomatensaft; Teesorten mit Ingwer, Kümmel, Löwenzahn, Schafgarbe und Zimt, aber auch Salbeitee

TIPP

Probieren Sie einmal als Aperitif einen Tee aus Löwenzahn oder Hopfen mit einem Schuss Zitronensaft. Ich empfehle, eine Tasse 30 bis 60 Minuten vor dem Essen zu trinken.

ALLTAGSTIPPS BEI ERSCHÖPFUNG

PRAKTISCHE HILFESTELLUNGEN FÜR DEN ALLTAG

- **Falls das Einkaufen zu anstrengend ist:** Fragen Sie Ihr soziales Umfeld oder lassen Sie sich Ihre Einkäufe nach Hause liefern.
- **Wenn es Ihnen schwerfällt selbst zu kochen:** Fragen Sie Ihre Liebsten, ob sie nicht Lust haben, Ihnen dabei zu helfen. Gemeinsames Kochen kann zusätzliche Lebensenergie freisetzen.
- **Tiefkühlgemüse ist manchmal besser als sein Ruf.** Legen Sie sich ruhig einen kleinen Vorrat zu, wenn das Einkaufen oder das Putzen und Schneiden für Sie momentan zu anstrengend ist.
- **Zubereiten und Kochen geht auch im Sitzen** – falls Ihnen das Stehen Mühe macht.
- **Kochen Sie größere Mengen vor** (oder lassen Sie vorkochen) und wärmen Sie sich dann die kleinen Portionen an einem anderen Tag wieder auf, wenn es Ihnen selbst schwerfällt, frisch zu kochen. Nutzen Sie frische Kräuter und ein paar Tropfen bestes Olivenöl, um das Aufgewärmte aufzupeppen.
- **Planen Sie Ihre Mahlzeiten** für die Tageszeit ein, in der Sie üblicherweise am meisten Energie spüren.

PRAKTISCHE TIPPS FÜR ANGEHÖRIGE UND FREUNDE

- **Fragen Sie, wie Sie am besten helfen** und unterstützen können (einkaufen, kochen, abwaschen).
- **Überraschen Sie doch mal mit einem fertig gekochten Essen.** Vielleicht kochen Sie das Lieblingsgericht? Und seien Sie nicht gekränkt, wenn es nicht die Wirkung erzielt, die Sie sich vorgestellt haben.
- **Akzeptieren Sie** auch, wenn vorerst keine Hilfe angenommen werden möchte.
- **Vermeiden Sie**, Ihre Angehörige, Ihren Freund oder Ihre Freundin zu bevormunden.
- **Zeigen Sie der Person, dass sie Ihnen sehr wichtig ist.**

DAS ESSENSTAGEBUCH

Viele Patienten und Patientinnen berichten, dass ihnen bei Erschöpfung und Müdigkeit ein Essenstagebuch geholfen hat. Nehmen Sie sich dafür ein Notizbuch, das Ihnen gut gefällt, und beantworten Sie darin die folgenden zehn Fragen regelmäßig, zum Beispiel jeden Morgen. Falls Sie Ihr Essen für die gesamte Woche planen, können Sie die Fragen auch nur einmal pro Woche beantworten. Bei der Speisenauswahl lassen Sie Ihrer Fantasie freien Lauf und lösen sich am besten von klassischen Ritualen und einer strengen Einteilung in Vor-, Haupt- und Nachspeise.

ESSENSTAGEBUCH – WAS WILL ICH ESSEN?

Vor dem Essen

1. Worauf habe ich Appetit?
2. Welches Gefühl löst dieses Gericht bei mir jetzt aus? (Bitte nur aufschreiben, nicht bewerten.)
3. Welche Zutaten brauche ich dafür?
4. Welche Farben fallen mir bei diesen Zutaten ein?
5. Wo besorge ich diese Zutaten? Oder wer kann diese für mich besorgen?
6. Wie lange brauche ich für die Zubereitung? (Falls Sie es nicht selber kochen wollen oder können, dann schätzen Sie die Zeit einfach.)
7. Was trinke ich zum Essen?
8. Wen lade ich zum Essen ein? (Falls Sie lieber alleine essen wollen, ist das natürlich in Ordnung.)

Nach dem Essen

9. Wie schmeckte das Gericht? Wie viel Lebensfreude habe ich dabei gespürt?
   ♡ ♡ ♡ ♡ ♡
10. Wie ging es Ihnen nach dem Essen? Wie haben Sie das Gericht verdaut? Ist das Gericht es wert, auf die Liste der „Speisekarte für später" zu schreiben, also noch einmal gekocht zu werden?

Nehmen Sie sich Zeit und sortieren Sie bitte auf keinen Fall die Speisen in „gesund" und „ungesund". Und wenn Sie ein Gericht an diesem Tag oder in dieser Woche nicht umsetzen wollen oder können, ist das auch in Ordnung. Halten Sie diese Speise einfach in einer Liste „Wartende Speisekarte" fest. Das wichtigste Ziel, das wir mit dem Essenstagebuch erreichen wollen, ist, die Freude beim Essen wiederzuentdecken.

WAS BEDEUTET KOCHEN FÜR MICH?

Auch ich fühle mich ab und zu erschöpft von einem langen Tag in der Klinik, der im Allgemeinen gegen 7:30 Uhr beginnt und etwa um 21:00 Uhr, manchmal auch später, endet. Zu Hause verfliegt meine Müdigkeit meist, wenn meine wunderbare Frau, unsere großartigen Kinder und ich gemeinsam das von meinem persischen Schwiegervater liebevoll zubereitete Abendessen zu uns nehmen.

Es sind Speisen der orientalischen Küche, die einen fesseln wie die Märchen aus 1001 Nacht. Man genießt jeden Löffel und hofft, dass es nicht der letzte auf dem Teller ist. Die Speisen sind zubereitet mit den besten Gewürzen des Orients, mit Kurkuma, Pfeffer, Ingwer, Knoblauch und Safran. Dazu gibt es wunderbar zubereiteten Basmatireis und die besten Gemüsesorten, wie Auberginen, Bohnen, Linsen und Kichererbsen. Das gemeinsame Essen ist eine Belohnung, ein Geschenk für unsere Augen und unseren Gaumen. Dank dieses lukullischen Rituals tanken wir auf und laden unsere Lebens- und Liebesbatterien wieder auf.

Montags und samstags koche ich dann selbst, sonntags sind wir häufig bei meinen Geschwistern. Dann essen wir mit allen Kindern, Cousins, Enkelkindern, Ehepartnern und Freunden. Mein Bruder Abdelhamid kocht Schlemmereien aus Marokko. Mein jüngerer Bruder Morad bereitet für jeden seine eigene Lieblingspizza zu, in seinem großen Pizzaofen mitten in seinem Garten, und meine Schwester Latifa backt den besten Kirsch- und Pflaumenkuchen der Welt.

Ich liebe das gemeinsame Essen in der Familie, ich liebe es zu kochen und ich nutze beides zur Entschleunigung und dafür, meine Lebensfreude und Energie aufzuladen.

UNSER ENERGIEÖL

Durch eine liebe Freundin wurde ich auf ein besonderes Ehepaar, Tanja und Uwe Bender, aufmerksam. Sie besitzen eine kleine Ölmanufaktur in Baden-Württemberg – Ölmanufaktur Bender – und legen viel Leidenschaft und Enthusiasmus in das Pressen kostbarer, naturbelassener Speiseöle. Ich erhielt verschiedene Proben ihrer wunderbaren Öle und war sofort begeistert. Für den nächsten Vortrag, der mich ins Badische brachte, vereinbarten wir sofort einen Termin.

NATURBELASSEN UND GESUND

Ich war mehr als beeindruckt. Tanja und Uwe stellen ihre Öle ausschließlich durch mechanische Pressung her. Das frisch gewonnene Öl bleibt unbehandelt und rein. Ihre Kaltpressung findet bei maximal 37 Grad statt, dadurch behalten die Öle ihren ursprünglichen sortentypischen Geschmack und die kostbaren gesundheitsunterstützenden Inhaltstoffe. Solch ein Öl hat auch nur eine relativ kurze Haltbarkeit. Es ist für den Stoffwechsel der Menschen bestimmt und nicht für die Lagerung in Geschäften. Denn Öl ist nicht gleich Öl und Fett ist nicht gleich Fett.

ÄUSSERST GESCHMACKVOLL

Ich lernte die hochwertigen, naturbelassenen Öle kennen, die allesamt aus ausgewählten Ölsaaten und Nüssen hergestellt werden. Und eines ihrer Öle hatte es mir besonders angetan. Die erste Kostprobe war für mich gigantisch. Der wundervolle Minzgeschmack war das i-Tüpfelchen dieses Energieöls und begeisterte mich.

Das Öl ist aus mehreren Sorten komponiert: Dem kalt gepressten, dunkelgrünen Hanföl mit dem idealen Verhältnis von Omega-6- zu Omega-3-Fettsäuren, dem kalt gepressten Leinöl mit seinem nussig-milden Geschmack, das den höchsten Anteil an Omega-3-Fettsäuren enthält und mit seinen stoffwechselregenerierenden Eigenschaften wahres Futter fürs Gehirn ist, und schließlich dem kalt gepressten Kürbiskernöl, das viele essenzielle Fettsäuren, Mineralstoffe und Spurenelemente enthält und sich besonders günstig auf die Prostata auswirkt. Zusammen mit der frisch gepressten Minze ist es das perfekte Energieöl für uns.

Es enthält Fettsäuren, die der Körper nicht selbst produzieren kann. Es erhöht die Ausdauer, verbessert die Fähigkeit zur Fettverbrennung, unterstützt einen ausgewogenen Wasserhaushalt und ist maßgeblich an der Zellerneuerung beteiligt. Mir hat ein Teelöffel morgens und abends während meiner Erschöpfung geholfen. Und nicht nur mir. Bauarbeiter, Kranke und Spitzensportler, alle, die Energie und schnelle Regeneration brauchen, sind von dem Öl begeistert.

Aus der Begegnung mit Tanja und Uwe ist eine Freundschaft entstanden. Sie füllen für uns und unsere Energieküche das Öl extra ab. Entweder genießt man pur morgens und abends einen Teelöffel davon oder man träufelt sich einen Teelöffel über den Salat oder eine Suppe.

MEINE LIEBLINGSÖLE

Gute Öle sind echte Gesundheitselixiere. Dabei sind noch längst nicht alle Inhaltstoffe und Wirkungen der Öle wissenschaftlich entschlüsselt. Es geht längst nicht nur um das Verhältnis von sogenannten gesättigten und ungesättigten Fettsäuren. Erstere werden, wie Sie vielleicht schon wissen, mit arteriosklerotischen Veränderungen und Übergewicht in Verbindung gebracht. Es geht auch um die anderen verschiedenen Inhaltstoffe wie Vitamine und Phytosterine, die beispielsweise die Bildung von Cholesterin reduzieren können. Wichtig ist aber auch immer die jeweilige Zubereitung und Lagerung der Öle.

Ich schätze unser Energieöl sehr, zum Kochen verwende ich allerdings kalt gepresstes Rapsöl, Olivenöl aus Sizilien oder den Bergen Nordmarokkos und die Königin aller Öle, das Arganöl aus dem Süden Marokkos. Ich liebe den intensiv nussigen und leicht rauchigen Geschmack des Arganöls, zugleich werden ihm verschiedene positive Auswirkungen auf die Gesundheit zugeschrieben: Es soll antientzündlich wirken, den Zuckerspiegel senken und auch vor Herz-Kreislauf-Erkrankungen schützen.

Arganöl wird aus den Früchten des Arganienbaums gewonnen. Er zählt zu den ältesten Baumarten der Welt und wächst zwischen dem Hohen Atlas, dem Anti-Atlas und der südlichen Atlantikküste Marokkos. Die erlesenen, etwa olivengroßen Früchte sind etwas stachelig und werden mit den Händen aufgesammelt. Zuerst wird das Fruchtfleisch entfernt, dann das mandelähnliche Innere aufgebrochen und in Steinmühlen gemahlen und gepresst. Etwa 100 Kilo Arganienfrüchte erbringen gerade einmal etwa 2,4 Liter Arganöl. Sogenannte Arganöl-Kooperativen haben es sich zum Ziel gemacht, nur qualitativ hochwertiges und biologisch produziertes und geerntetes Arganöl zu vertreiben und die regionalen Infrastrukturen zu stärken.

Olivenöl gilt als unverzichtbarer Baustein der lebensbejahenden Mittelmeerküche. Charakteristisch für diese sind viele pflanzlichen Lebensmittel wie Kartoffeln, Reis, frisches und wenig verarbeitetes Gemüse, Knoblauch, viele frische Kräuter und täglich frisches Obst, sehr wenig Fleisch, dafür etwas mehr Fisch und wenig Milchprodukte. In der Mittelmeerküche kommen den sogenannten sekundären Pflanzenstoffen ganz besondere gesundheitsfördernde Wirkungen zu. Zu den sekundären Pflanzenstoffen zählen unter anderem Polyphenole, Carotinoide, Glucosinolate, Phytosterine (in vielen Gemüse- und Obstsorten) und Sulfide (vor allem in Zwiebeln und Knoblauch) sowie Monoterpene (unter anderem in Pfefferminze und Zitronen). Diese Stoffe wirken antimikrobiell und hemmen das Wachstum von Bakterien und Pilzen.

Der gesundheitliche Nutzen einer mediterranen Kost ist in vielen Studien belegt, unter anderem in der Lyon-Diet-Heart-Studie von der Arbeitsgruppe um Nicolas de Lorgeril. Es wurde gezeigt, dass die mediterran ernährte Gruppe im Vergleich zur Gruppe, die die übliche westliche Ernährung zu sich nahm, deutlich seltener von Herzinfarkten und anderen Herzerkrankungen betroffen waren.

MIT ALLEN SINNEN

In der Medizin geht ohne unsere Sinne fast nichts. Medizin ohne Berührung ist gar nicht denkbar. Die Berührung der Patientinnen und Patienten ist sowohl als diagnostisches Mittel bei der Untersuchung notwendig als auch bei verschiedenen Therapien, wie zum Beispiel bei Lymphödemen, Muskelverspannungen, Osteoporose und bei verschiedensten Erkrankungen des Knochen-Muskel-Apparats. Berührung hat aber auch auf das Immunsystem und die Psyche positive Auswirkungen und sollte meiner Meinung nach viel häufiger als unterstützende Maßnahme eingesetzt werden.

KOCHEN MIT ALLEN SINNEN

Auch beim Einkauf und der Zubereitung der Speisen sollte ein besonderes Augenmerk auf die Berührung gelegt werden. Eine besondere Achtsamkeit für die Kraft des Berührens zu entwickeln ist das wahre Geheimnis eines jeden schmackhaften Gerichts. Das achtsame, sensible Berühren von Gemüse, Obst und der anderen Zutaten ist auch ein Ausdruck des Respekts gegenüber der Natur. Das ist auch der Grund, warum ich immer frische Zutaten bevorzuge. Ich kaufe also frische Tomaten und keine geschälten aus der Dose. Ich liebe es, mit meinen Händen in einen Dialog mit den Gewürzen und den Nahrungsmitteln zu gehen. Nutzen Sie beim Einkauf und der Zubereitung also den Tastsinn, denn die Berührung der Lebensmittel hat Auswirkungen auf unseren Geschmacksinn.

DIE KRAFT DER BERÜHRUNG

Wenn man sich müde und erschöpft fühlt, tun ein ermutigendes Wort und ein aufmunterndes Lächeln gut. Auch eine sanfte Hand auf unserer Schulter, eine Umarmung, eine Schulter, an der man sich ausweinen darf, oder jemand, der einfach unsere Hand hält, schenken uns neue Kraft.

WORTE, DIE BERÜHREN

Fast täglich bekomme ich über die sozialen Medien die Rückmeldung, wie sehr meine Worte und Texte jemanden „berührt haben" und „so gutgetan haben", „als wäre es heute nur für mich geschrieben worden". Liebe Menschen schreiben: „Ihre Worte treffen ins Herz", „haben Gänsehaut ausgelöst" oder teilen mir mit, dass ich ihnen „aus der Seele gesprochen" hätte. Ich bin für diese Rückmeldungen zutiefst dankbar – so fällt es mir nicht schwer, mich immer wieder aufs Neue zu motivieren, an 365 Tagen im Jahr Menschen zu ermutigen. Unserer Sprache wohnt ein Zauber inne – wie wundervoll, dass wir mit Worten andere berühren können.

„Mögen Sie bei jeder achtsamen Berührung spüren, wie wertvoll, geliebt und einzigartig Sie sind!"
Schwester Teresa

BERÜHRUNGEN SIND LEBENSNOTWENDIG

Durch Corona, dem notwendigen Abstandhalten und dem Vermeiden von engen Kontakten und körperlicher Nähe, ist uns schmerzlich bewusst geworden, wie wichtig, ja lebensnotwendig Berührungen sind. „Körperkontakt ist ein Lebensmittel", sagt auch Professor Martin Grunwald. Der Psychologe hat sich auf die Erforschung und die Bedeutung des Tastsinns spezialisiert und ist Leiter des Haptik-Forschungslabors in Leipzig.

Nach einer Fastenpredigt im März 2023, die ich in Oberschwaben gehalten hatte, weckte dann auch eine besondere E-Mail mein nächtliches Interesse: Sie kam von Michael Eggert, einem angehenden Gesundheitswissenschaftler und Vorstandsmitglied der Deutschen Gesellschaft für Berührungsmedizin e. V. Er schrieb mir, wie beeindruckt er von meinem Vortrag war, da ich von der Bedeutung von Zuwendung und Zärtlichkeit gesprochen hatte. Sein Thema, das ihn sehr bewege, sei die „Berührungsmedizin".

BERÜHRUNGSMEDIZIN

Ich hatte den Ausdruck noch nie zuvor gehört, doch bei jedem Satz, den ich las, konnte ich nur zustimmen und viele Erinnerungen meines Lebens wurden mit einem Schlag präsent. Wie liebevoll ich von meiner Mama oder meiner Oma geknuddelt wurde! Und wenn ich mir weh getan hatte, waren es die Hände meiner Mama, die die verletzte Stelle nur berühren mussten, damit der Schmerz weniger wurde. Während meiner Kindheit und Jugend durfte ich zu Hause viel körperliche Nähe erfahren. Und auch beim Sport war es gang und gäbe, sich nach einem 2-Punkte-Treffer im Basketballspiel eine „Fünf" mit den Händen zu geben oder sich kurz zu umarmen. Berührungen, Umarmungen – das ist für mich ganz normal, auch als Ordensschwester und nicht nur, wenn ich Freundinnen oder Freunde treffe. Ich wollte immer eine Schwester zum Anfassen sein: bodenständig, lebensnah, authentisch. Und ebenso halte ich es bei meinen Vorträgen. Selbst bei Großveranstaltungen halte ich an einer Stelle meines Vortrags oft inne, erkläre dem Publikum, dass ich mal kurz von der Bühne runterkommen müsse, gehe dann wie geleitet nach rechts oder links und bleibe vor irgendeiner Besucherin stehen. Wenn ich dann frage, ob ich sie mal umarmen dürfte, habe ich noch immer ein „Ja" als Antwort erhalten und werde meist mit großen Augen und völlig überrascht angesehen. Ich umarme die Person dann behutsam und frage anschließend: „Hat Ihnen das gut getan?" Die Antwort ist immer: „Ja, sehr gut."

BERÜHRUNG ÄNDERT ALLES

Dann gehe ich auf die Bühne zurück und erkläre dem Saal, was die Person gesagt hat. „Natürlich", sage ich, „die Menschen hungern nach Zuwendung und Anerkennung." Dann fordere ich alle auf, es mir mit ihrem Sitznachbarn oder ihrer Sitznachbarin gleichzutun. Alle lachen erst einmal, aber es funktioniert. Einmal schaffte es solch eine Situation sogar in die Medien, denn unter den Zuhörern waren auch zwei Lokalpolitiker, die nebeneinander saßen. Bei ihnen umarmten sich also zwei Menschen, die sich auf der anderen Seite gerade einen erbitterten Wahlkampf lieferten. Nachdem sich die Menschen umarmt haben, muss ich, bevor ich fortfahre, jedes Mal eine kleine Pause einlegen. Die Menschen lachen und haben ein Redebedürfnis. Für mich ist es immer wunderschön, in die Gesichter zu schauen, denn die Atmosphäre hat sich jedes Mal spürbar gewandelt. Außerdem bekomme ich immer wieder die Rückmeldung, dass ich genau die richtige Person umarmt hätte, da sie oder er gerade eine schwere Zeit durchmachen würde.

EINE SCHÖNE HAUSAUFGABE

Meinen vielen Zuhörern gebe ich zum Schluss gerne eine Hausaufgabe mit auf den Weg: „Wenn Sie nach Hause kommen, umarmen Sie den Menschen, der Ihnen begegnet. Geben Sie ihm ein kleines Bussi und richten Sie einen schönen Gruß von mir aus! Machen Sie sich aber darauf gefasst, dass Sie wahrscheinlich gefragt werden, wo Sie heute herkommen." Wieder lachen alle, aber tatsächlich ist es für mich immer wieder aufs Neue beeindruckend, wie viele positive Rückmeldungen ich daraufhin bekomme.

Erschüttert hat mich deswegen auch besonders eine ältere Frau, die lange nach einem Vortrag geduldig wartete, bis alle anderen gegangen waren. Dann kam sie zu mir und erzählte mir leise, dass sie sich die Hausaufgabe nicht trauen würde. Ihr Mann hätte sie seit 20 Jahren nicht mehr berührt oder in den Arm genommen. Uns beiden kamen die Tränen. Und umso liebevoller nahm ich sie dann in den Arm.

HEILSAME NÄHE

Nachdem ich die vernichtende Diagnose vom Gebärmutterkrebs erhalten hatte, wurde mir zuerst nicht viel Hoffnung gemacht, dass ich das überstehen würde. Umso heilsamer waren die Momente in unserem Wohnzimmer auf dem Kanapee: Um allen nah zu sein, lag ich dort in eine warme Decke gewickelt. Pfarrer Franz saß neben mir und hielt einfach meine Hand. Wir sprachen nichts, er lächelte mich einfach an und ich erwiderte sein Lächeln. Ich weinte und er weinte mit mir. Diese Nähe war heilsam.

Und wie gut taten die liebevollen Berührungen meiner Mama, als ich während meiner Krebserkrankung im Krankenhaus lag oder von der Chemotherapie nach Hause kam. Sie massierte mich und cremte mir meine Füße ein – es tat einfach unendlich gut.

SICH SELBST BERÜHREN

Später in der Reha erklärte mir ein ganz wundervoller Therapeut, dass es auch hilfreich sei, sich selbst zu berühren. Zum Beispiel könne ich meine Hände auf meinen Bauch legen und die Stelle dann mit sanften Bewegungen massieren, sie würde sofort besser durchblutet werden, die Narben würden schneller heilen und die Verdauung würde auch angeregt werden. Wer so eine schwere OP wie ich hinter sich hat, ist dankbar für jeden Tipp. Ich probierte es aus und es funktionierte.

BERÜHRUNG IST MEDIZIN

Diese eine Mail in der Nacht ließ mich also neugierig werden und ich telefonierte mit dem netten Doktoranden. Bei der nächsten Gelegenheit, als ich in seiner Nähe war, trafen wir uns und ich erfuhr noch mehr. Das Buch von seinem Professor Bruno Müller-Oerlinghausen, „Berührung. Warum wir sie brauchen und wie sie uns heilt", habe ich verschlungen und auch mit der zweiten Vorsitzenden Dr. Michaela Arnold aus Würzburg telefoniert: Sie ist nicht nur Ärztin, sondern auch gelernte Masseurin. Wow. Ich war fasziniert.

Ich erfuhr von meinen neuen Freunden, wie hilfreich Massagen gerade bei Krebspatienten und bei Menschen mit Depressionen sind. Aber auch, wie wenig das Thema in der modernen Medizin und im Klinikalltag beachtet wird – dabei gibt es zum Beispiel eine Studie, die belegt, dass eine fünfminütige Handmassage gegen die Angst vor einer Operation hilft.

GRUNDBEDÜRFNIS

Zwischenmenschliche Berührungen stellen ein menschliches Grundbedürfnis dar. Sie vermitteln soziale Zugehörigkeit, Fürsorge, Empathie und Intimität. Babys entwickeln schon im Mutterleib ihren Tastsinn, noch bevor sie hören oder sehen können. Nach der Geburt erfahren wir durch den Körperkontakt und durch die liebevollen Berührungen der Eltern, dass alles in Ordnung ist. Und auch unser Immunsystem wird dadurch gestärkt. Jede Berührung löst im Körper eine Vielzahl von Reaktionen aus. Über die Haut, das größte (Sinnes)Organ des Menschen, dringen unterschiedlichste Empfindungen zu uns durch. Viele Millionen Rezeptoren senden empfangene Signale über die Nervenbahnen ans Gehirn.

Wir können die Augen schließen, uns die Nase zuhalten, die Ohren verschließen – aber wir können nicht aufhören, über unsere Haut zu fühlen. Den Tastsinn können wird nicht ausschalten, und es ist der letzte Sinn, den wir bis ans Ende unseres Lebens noch erspüren können. Ich zitiere aus „Berührung. Warum wir sie brauchen und wie sie uns heilt": „Der Tastsinn ist immer intakt, bis ans Ende unserer Tage, auch wenn wir nicht mehr oder nur noch eingeschränkt sehen oder hören können. Der Tastsinn ist die Grundlage unseres Welt-Begreifens und unseres Kontaktes zu anderen Menschen."

Für die Entdeckung von Rezeptoren für Temperatur und Berührung im Körper wurde 2021 sogar der Medizinnobelpreis verliehen. Gott sei Dank.

OXYTOCIN – EIN GLÜCKSHORMON

Der Grund, warum Berührungen so eine Wohltat sind, ist übrigens das Hormon Oxytocin, auch Glückshormon genannt. Wenn nach einem vertrauensvollen Hautkontakt Zigtausende Sinneszellen in erstaunlicher Geschwindigkeit dem Gehirn diese Information weiterleiten, erfolgt die Ausschüttung dieses Hormons, das daraufhin seine angenehme Wirkung entfalten kann: Die körperliche Anspannung sinkt, der Herzschlag verlangsamt sich, Wohlgefühl und Sicherheit stellen sich ein. Eine achtsame Berührung sagt ohne Worte: „Du bist nicht alleine, ich gebe dir Rückhalt." Sie baut Stress und Ängste ab, schenkt Widerstandskraft und Selbstvertrauen, bringt Entspannung und Trost. Gönnen Sie sich eine Massage! Sie ist eine erlebte Tiefenentspannung und unterstützt die körpereigenen Regenerationskräfte.

DIE BERÜHRUNGEN JESU

Mich berührt es immer wieder, wenn ich Heilungsgeschichten von Jesus im Neuen Testament lese. Wie er dem blind Geborenen Brei in dessen Augen reibt oder wie er Aussätzige berührt. Aussätzige mussten abseits jeder menschlichen Siedlung leben und mit einem Glöckchen umherlaufen, damit jeder vor ihnen gewarnt war. Sie waren ausgeschlossen von aller menschlichen Nähe, sie hatten weder Heimat noch soziale Kontakte. Doch Jesus beHANDelt sie dennoch. ER berührt sie. Er hat keine Angst. ER heilt sie nicht nur durch die Berührung, er rettet sie damit vor dem sozialen Tod und bringt sie zurück ins Leben. ER schenkt ihnen die Auferstehungserfahrung ihres irdischen Lebens.

Und umgekehrt wird auch Jesus berührt: Als er zu einem Mahl eingeladen ist, betritt eine fremde Frau den Raum. Sie benetzt seine Füße mit ihren Tränen, trocknet sie mit ihrem Haar und reibt sie mit wohlriechendem Salböl ein. Und als Jesus die Missbilligung der anderen männlichen Anwesenden spürt, verteidigt er die Frau mit Worten, die er über keinen anderen Menschen sagt: „Diese Frau hat mir etwas Gutes getan." Jesus genießt die Berührung. Wie wunderbar.

MEINE LIEBLINGSTIPPS BEI ERSCHÖPFUNG UND MÜDIGKEIT

- Nehmen Sie sich nach dem Duschen Zeit und cremen Sie sich mit einer wohltuenden Körperlotion sanft ein.
- Gönnen Sie sich jeden Tag liebevolle Umarmungen. Sagen Sie Ihren Liebsten, dass dies eine therapeutische Maßnahme ist.
- Halten Sie öfters Händchen.
- Gönnen Sie sich eine Massage oder lassen Sie sich eine schenken. Und vielleicht sogar mal ein ganzes Wellnesswochenende.

DIE BESTE MEDIZIN IST LACHEN UND HUMOR

Natürlich weiß ich, wie schnell einem das Lachen vergehen kann, wenn man sich überfordert fühlt oder alles zu schwer erscheint – dann ist einem wirklich nicht immer zum Lachen zumute. Dennoch: Schon vor Jahren wurde mir klar, dass wir mit Humor und mit Lachen vieles besser verkraften können.

Auf die Spur hat mich der Wissenschaftsjournalist und Autor Norman Cousin gebracht, der sich auf einer seiner vielen Reisen eine unheilbare Krankheit zugezogen hatte. Die Ärzte prognostizierten ihm noch drei Monate Lebenszeit. Ein Kollege wollte ihn daraufhin aufmuntern und brachte ihm Comedyfilme wie „Dick und Doof".

Cousin, der schon nicht mehr laufen konnte, schaute sich tagelang diese Filme an und machte eine bahnbrechende Entdeckung. Nach anhaltenden Lachsequenzen ließen die Schmerzen nach, er konnte phasenweise schlafen und es ging ihm sichtlich besser. Nach zehn Minuten intensiven Lachens konnte er sogar zwei Stunden schlafen.

Drei Dinge helfen uns, die Mühseligkeiten
des Lebens besser zu tragen: die Hoffnung,
der Schlaf und das Lachen.

LACHEN MACHT GESUND

Cousin war schon länger bewusst gewesen, dass das Immunsystem durch negative Gedanken geschwächt wird. Nun versuchte er es umgekehrt durch positive Gedanken zu stärken. Er begann, sich mit einer systematischen Lachkur selbst zu therapieren.

Er zog in die Nähe einer Klinik in ein Hotel, denn die Krankenpfleger und die anderen Patienten fühlten sich durch sein Lachen gestört – man geht wohl in den meisten Kliniken davon aus, dass Krankheit eine ernste Angelegenheit ist. Er ließ sich hochdosiert Vitamin C spritzen, schaute sich monatelang Filme mit berühmten Komikern an und ließ sich witzige Bücher vorlesen. Seine Schmerztherapie bestand aus nur einem einzigen Medikament: ausgelassenem Lachen! Er ließ sich vor dem Lachen Blut abnehmen und nach dem Lachen. Die Ergebnisse waren eindeutig: Seine Werte hatten sich verbessert. Die Entzündungen seiner Gelenke gingen zurück und nach zehn Monaten war er schmerzfrei. Norman Cousin wurde vollständig gesund.

Ohne die Wichtigkeit einer sachlichen Diagnose von Ärzten infrage zu stellen, fand er heraus, dass Hoffnung, Glaube, Liebe und Schönheit und eben das Lachen wohltuende Emotionen hervorbringen. Zusammen mit Universitäten und Medizinern engagierte er sich später als Humorforscher und lebte noch 16 Jahre länger, als man es ihm prognostiziert hatte. Aus seinen Forschungen entstand die Gelotologie – die Lachforschung.

MEINE ERFAHRUNGEN MIT DEM LACHEN

Nicht nur in meinen Vorträgen wird schallend gelacht, selbst während meiner Krankheit habe ich im Krankenbett bei der Chemo oder bei Untersuchungen die einfachste Übung angewendet, die die Lachforschung entwickelt hat: „Du musst einfach 30 Sekunden die Mundwinkel nach oben ziehen."

Machen Sie das doch mal! Jetzt gleich. Niemand schaut Ihnen jetzt zu. Ich weiß, Sie kommen sich jetzt lächerlich vor. Aber wissen Sie, was nach 30 Sekunden passiert? Ihr Gehirn bemerkt es sofort und antwortet: „Oh, es geht dir besser!" Es schüttet Endorphine aus – morphiumähnliche Stoffe, auch Glückshormone genannt. Wir werden nach den 30 Sekunden mit einer fantastischen Medizin belohnt, die uns Gott zur Verfügung gestellt hat.

LACHEN WIE DIE KINDER

Vielleicht sollten wir mehr auf Jesus hören, denn er rät uns, „wie die Kinder zu werden". Kinder lachen 700 bis 800 Mal am Tag. Erwachsene nur zehn bis 15 Mal! Lachen ist eine wahre Sauerstoffdusche für das Gehirn. Es kräftigt das Herz, verbessert die Leistungsfähigkeit der Lunge, setzt die Schmerzempfindlichkeit herab, stärkt nachweislich das Immunsystem und hat keine negativen Nebenwirkungen.

Die Lachforschung behauptet sogar, wenn wir fünf Minuten lächeln oder lachen, hätte das dieselben positiven Auswirkungen auf den Stoffwechsel wie zehn Minuten joggen. Wenn das so ist, laufe ich wohl jeden Tag einen Marathon, so viel wie ich lache.

Sie sind müde und erschöpft? Wie wäre es mit einer Runde Lachen? Es kostet Sie keinen Cent.

„Schatz, was gibt es
heute zu Essen?"
„Nichts."
„Aber das gab es doch
schon gestern!"
„Ich habe für zwei Tage gekocht."

♥

Fragt der Kellner den Gast:
„Wie haben Sie das Filet gefunden?"
„Ganz zufällig, als ich
das Gemüse beiseiteschob."

♥

„Ich ernähre mich bewusst.
Bewusstlos kann man ja
nichts essen!"

♥

„Wenn ich dir Frühstück
ans Bett bringe, würde ein einfaches
‚Danke' genügen.
Und nicht all diese komischen Fragen
wie: ‚Was machen Sie in meinem Haus?'
und: ‚Wie sind Sie hier reingekommen?'"

♥

DIE PERFEKTE KOMBINATION

Verschiedene Studien zeigen, dass Humor einen positiven Einfluss auf viele verschiedene Lebensbereiche hat. Lachen kann nicht nur die Stimmung und das seelische Wohlbefinden positiv beeinflussen, sondern sogar heilsam sein. Leider wird Humor viel zu selten bewusst eingesetzt. Warum kann in einem Krankenhaus nicht häufiger gelächelt und gelacht werden? Es wäre gut für alle: für die Patienten, deren Angehörige und für das ganze medizinische Personal.

POSITIVER MUSKELAUFBAU

Lachen bietet zudem eine wunderbare Möglichkeit, eine Vielzahl an Muskeln zu trainieren. Analysen zeigen, dass beim Lachen etwa 300 verschiedene Muskeln eingesetzt werden. Zudem kann Lachen die schädlichen Stresshormone reduzieren und dafür sorgen, dass diese schneller abgebaut werden. Lachen stimuliert das Immunsystem mit seinen T-Helferzellen und löst im Gehirn die Ausschüttung von Endorphinen aus. Diese speziellen Botenstoffe sorgen für Glücksgefühle und haben zudem eine schmerzhemmende Wirkung.

LACHEN UND SUPERFOODS

Bestimmte Speisen können eine ähnliche Wirkung auf Körper und Geist haben wie Lachen. Stellen Sie sich nun einmal die Kombination aus raffinierten Speisen und herzhaftem Lachen vor! Häufig liest und hört man von bestimmten Superfoods – vieles davon ist irreführend, nicht belegt und mit Versprechen verbunden, die nicht eingelöst werden. Im Allgemeinen aber versteht man unter Superfoods Nahrungsmittel, die große Mengen an Vital- und Nährstoffen wie Vitamine und Mineralien enthalten und deshalb sehr gesund sind.

SUPERFOODS

Die Liste der Nahrungsmittel, die das Prädikat „Superfood" erhalten, ist sehr lang. Zu den wichtigsten Superfoods zählen verschiedene Beeren und einige Obstsorten, etwa Brombeeren, Heidelbeeren, aber auch Goji und Acai-Beeren sowie Avocado, Granatapfel und Papaya. Natürlich gibt es auch Gemüsesorten, die als Superfood gelten, nämlich alle Kohl- und Kürbissorten, aber auch Spinat und Rote Bete. Bei den Gewürzen, Gräsern und Tees zählen Kurkuma, Zimt, Ingwer, Knoblauch, Chiasamen, Amarant, Grüner Tee, Matcha-Tee und Ingwertee zu den gesündesten Lebensmitteln.

AUSPROBIEREN UND LÄCHELN

Probieren Sie die genannten Lebensmittel und Gewürze einfach einmal aus, aber fokussieren Sie sich nicht zu sehr darauf. Ich bin davon überzeugt, dass nahezu jedes Lebensmittel, nahezu jedes Gewürz und jede Speise das Potenzial hat, ein „Superfood" zu sein. Viel wichtiger als eine bestimmte Gemüse- oder Obstsorte sind die Naturbelassenheit, die Bioqualität und die Vielfalt der Nahrungsmittel und Speisen, mit denen wir uns ernähren. Das Allerwichtigste: Kochen und essen Sie mit einem Lächeln im Gesicht. Dies ist gesund und die beste Superfood-Kombination.

JEDEN TAG ETWAS SCHÖNES ERLEBEN

Wer mich kennenlernt, spürt schnell, wie glücklich und lebensfroh ich bin. Ich lebe einfach zu gerne. Dabei hat meine Mutter eine große Rolle gespielt! Sie hat mich sehr früh bekommen und sich so unendlich auf mich gefreut, dass ich es kaum erwarten konnte, aus ihrem Bauch zu schlüpfen. Meine Mutter wurde, wie die meisten Frauen, vor den großen Schmerzen der Geburt gewarnt, aber ich bin in nicht einmal 45 Minuten auf die Welt gekommen! Meine Mutter strahlte, übersäte mich mit Küssen und ich schlief selig ein. Vermutlich ging das mit der Geburt so schnell, weil meine Mutter am selben Tag fünf Kilometer zu Fuß zur Klink gegangen war und auf dem Weg auch noch einen riesigen Topf zum Auskochen gekauft hatte, den sie noch zu ihrer Schwester gebracht hat.

Bei meiner Mama habe ich mich immer geborgen gefühlt. Wo meine Mama ist, ist meine Heimat, und auch heute noch kuscheln wir gerne. Ich hatte eine erfolgreiche und interessante Kindheit und Jugend als Spitzensportlerin. Und als Gott in mein Leben trat und mein Leben zum ersten Mal auf den Kopf stellte, begann das abenteuerlichste Leben als Christin und dann als Ordensschwester. Von da an war ich überall zu Hause, weil Gott überall ist.

JEDER TAG IST EIN GESCHENK

Schon im Kloster begriff ich bald, wie kostbar jeder Tag ist, ganz gleich, ob es viel oder wenig zu tun gab. So zufrieden wie möglich sein, mit dem, was dir der Tag bringt – darum geht es. Und so ist das auch in meiner eigenen Gemeinschaft. Jeder Tag ist ein Abenteuer mit Gott, und morgens, wenn ich die Augen öffne, sage ich mir selbst: „Heute wird der schönste Tag in meinem Leben." Natürlich weiß ich nie, was mich erwarten wird, wie viele Kilometer ich wieder unterwegs sein werde, welche Hindernisse und Herausforderungen in der Gemeinde, in der Schule oder auf Vortragstour auf mich warten, aber ich weiß, dass DU da bist. Für mich ist Gott immer da, wie die Luft, die ich atme. Ich kann nie aus SEINER Liebe fallen. Ich begegne IHM in jedem Menschen, schmecke IHN in jeder Dattel und erfreue mich an jedem Sonnenstrahl oder SEINER Natur. So bin ich eben.

„Hurra, ein Problem!" war sehr lange meine Devise. „Wenn du mir heute ein Problem schickst, dann wirst du mir auch die Kraft und die Ideen schenken, es zu lösen."

Und so ist es nicht verwunderlich, dass ich selbst während meiner Krebserkrankung bald lernte, die schönen Stunden zu genießen, die kostbaren Momente wahrzunehmen und meine Aufmerksamkeit nicht zu lange auf schwere Situationen zu richten. Die gab es natürlich reichlich. Und Tränen habe ich auch viele geweint. Ja, so ist das. Aber lernen konnte ich an jedem Tag – auch durch schmerzliche Erfahrungen.

VORFREUDE

Worauf freuen Sie sich heute? Worauf freuen Sie sich morgen? In dieser Woche? Dieses Jahr? Was möchten Sie in Ihrem Leben unbedingt noch tun? Vorfreude schenkt uns Energie zurück und erfüllt uns mit Fröhlichkeit! Als mein Handlungsspielraum während meiner Krebserkrankung und der Therapie sehr begrenzt war, waren es die kleinen Dinge, die mich entzückten und die mir Lebensfreude schenkten. Genau das empfehle ich in meinen seelsorgerischen Gesprächen auch Kranken und ihren Angehörigen.

JEDEN TAG BEWUSST LEBEN

Jeder Tag ist so kostbar und nur weil das Leben eine Deadline hat, können wir überhaupt begreifen, warum jeder Tag von unschätzbarem Wert ist. Wenn dieser heutige Tag vergeht, kommt er nie wieder. Er ist weg aus unserem Leben. Und wie schnell ist schon wieder Weihnachten? Wo sind die Jahre geblieben? Gerne erinnere ich die Menschen daran. Aber eigentlich ist es egal, wie viel Zeit wir haben, denn was wir in einem Menschenleben nicht an Zufriedenheit schaffen, gelingt uns auch nicht in 1000 Jahren. Wir merken gar nicht, wie oft uns der Alltag in Beschlag nimmt.

Schluss damit! Es ist Zeit, das Leben zu genießen. Auch die ganz normalen, gewöhnlichen Dinge wertschätzen zu lernen und sich an ihnen zu erfreuen.

Es tut gut und es hilft, jeden Tag bewusst zu leben, zu genießen und so zufrieden wie möglich zu sein. Nichts auf später zu verschieben, sondern im Heute leben. Heute seinen Liebsten zärtliche Worte sagen, jetzt umdenken und nicht zu viel Zeit mit den unschönen Dingen verbringen. „Jeder Tag hat seine eigene Plage", sagt Jesus, und er hat Recht damit, aber wir sind keinen einzigen Tagen dieser Plage alleine ausgeliefert. ER ist auch in den dunkelsten Momenten bei uns und natürlich auch in den wunderschönen.

FREUDE AN DEN KLEINEN DINGEN

Du findest vor dem Waschen in einer Hose ein Geldstück. Die frisch gewaschene Bettwäsche duftet, wenn du dich einkuschelst. Der frisch gebackene Kuchen erfüllt die Wohnung mit köstlichem Geruch. Geruch und Geschmack tragen sehr viel dazu bei, wieder Lust am Genießen zu entwickeln!

Dein Gesicht in die Sonne halten. Im Bett frühstücken. Einen Lieblingsfilm anschauen – ich liebe „Casablanca". Einen gut gekühlten Schluck Champagner trinken, ein kleines Tänzchen mit deinem Kind, deinem Mann, deiner Mutter. Ein Plausch unter Freundinnen. Sofort einen Parkplatz finden. Eine gute Tat tun oder etwas spenden – es gibt so viel, worüber wir uns freuen können. Jeden Tag. Deshalb ist es wichtig, auf die kleinen, liebevollen Momente zu achten. Glücklich und dankbar zu sein für die kleinen Dinge, das ist das größte Geschenk, das Sie sich selbst machen können.

GEHEIMREZEPT FÜR EIN ERFÜLLTES LEBEN

Verzaubern Sie sich und Ihre Lieben mit etwas Schönem. Es wirkt sich nicht nur positiv auf Ihre Stimmung aus, es macht jeden Tag lebenswerter und schöner. Jeden Tag etwas Gutes für sich selber tun und jeden Tag etwas Gutes für die anderen tun ist mein Geheimrezept für ein erfülltes Leben.

ENERGIE VON OBEN

„Kommet her zu mir, alle, die ihr mühselig und beladen seid, ich will euch erquicken!", sagt Jesus zu seinen Jüngern, als sie müde nach dem Tagewerk heimkommen. Wie tröstlich. Schon immer haben mich diese Sätze aus der Bibel ermutigt. Jesus ist besonders für diejenigen da, die es im Leben gerade schwer haben. Er verspricht nicht, alle Schwierigkeiten wegzuzaubern, aber er möchte Gutes tun, beistehen und die Last erleichtern.

HEILUNGSGESCHICHTEN

Gerade von seinen Heilungsgeschichten bin ich fasziniert. Nicht so sehr das Wunder, dass Kranke gesund werden. Das erwarte ich vom Sohn Gottes und daran glaube ich. Was mich begeistert, ist die Art und Weise, wie es geschieht, denn Jesus fragt vorher, was er tun kann.

Da ist der blind Geborene, der hört, dass Jesus vorbeikommt. Er ruft nach ihm und Jesus überhört ihn nicht, trotz des Tumultes auf der Straße. Jesus überhört niemanden. Er fragt den Blinden, was er möchte. Vielleicht hört sich das erst einmal irritierend an. Jesus sieht doch, dass er blind ist, was soll der Blinde wohl wollen? Dennoch lässt er den Blinden antworten: „Ich will wieder sehen." Mit diesem Satz erlaubt der Blinde Jesus oder Gott einzugreifen. Das Kostbarste, was Jesus uns Menschen geschenkt hat, ist unsere Freiheit und Selbstbestimmung. Erst nach der Erlaubnis handelt ER an ihm, ER behandelt ihn. ER würde auch nie in Ihr Leben kommen, wenn Sie IHM das nicht erlauben. ER ist ein Gentleman. Er will keinen Sklaven auf Erden, ER will, dass wir IHM freiwillig folgen.

ES IST UNSERE ENTSCHEIDUNG

Manchmal genügt so ein kleiner Hilferuf in den Himmel, ein paar Worte, ausgesprochen oder unausgesprochen. Gott ist da und ER verlässt uns nicht, wir müssen IHM nur erlauben, eingreifen zu dürfen. ER wird es auf seine Weise tun, vielleicht anders, als wir es erwarten. Ein gutes Beispiel dafür ist die Heilung des Gelähmten am Teich Bethesda in Jerusalem. In der Nähe waren Hallen, wo viele Kranke lagen, auch ein Mann, der 38 Jahre lang krank war. Eines Tages kommt Jesus vorbei und stellt dem Kranken eine unvermutete Frage: „Willst du gesund werden?" Statt zu antworten, fängt der Mann an zu jammern, dass er niemanden habe, der ihn zum Teich tragen würde, wenn das Wasser aufwallt. Da sagt Jesus zur Überraschung aller: „Steh auf, nimm deine Bahre und geh." Sofort ist der Mann gesund. Wie großartig ist das denn? Doch was denkt sich Jesus dabei, einen Mann, der 38 Jahre krank war, zu fragen, ob er gesund werden will? Klingt diese Frage nicht unsensibel? Gibt es irgendeinen Menschen auf dieser Welt, der krank sein möchte? Vor allem dauerhaft? Was befremdlich anmutet, ist für mich äußerst spannend und explosiv. Was sieht man, wenn man genau hinschaut? Der Gelähmte sehnt sich nach Veränderung, aber er macht sich abhängig von anderen. Als ob in der ganzen Zeit niemand vorbeigekommen wäre, der ihm hätte helfen können. Und was sagt Jesus? „Weißt du was, steh auf und geh selbst."

LEBE DEIN LEBEN

Ärgere dich nicht über andere, jammere nicht weiter über die Umstände, mach das Beste daraus! Jesus will dem Mann zeigen, dass er nicht das Opfer seiner Umstände ist. Manchmal bedarf es nur ein wenig Eigeninitiative. Es braucht einen kleinen Schritt. Und vielleicht noch einen. Um neuen Mut zu fassen, um in Bewegung zu kommen und um etwas Wunderbares zu erleben.

Für mich ist die Eucharistie, das Abendmahl, die Kraftquelle meines Glaubens. Jesus wusste, dass wir nicht ohne IHN sein können, deshalb hat ER im Zeichen von Brot und Wein sich selbst hinterlassen. ER bietet eine himmlische Speise an – Energie von oben. Sich selbst.

Diese kleine Hostie war für mich schon immer der „Urknall" der Liebe. Während meines Krankenhausaufenthaltes in der Charité durfte mein Pfarrer Franz mir jeden Tag die Kommunion bringen und vor jeder Chemotherapie empfing ich sie. „Jesus ist stärker", war meine Überzeugung. ER selbst ist mein Heiland, er ist der beste Arzt.

ESSEN, TRINKEN, GLAUBEN

Jesus liebte es, „Mahl" zu halten, vor allem mit seinen Freunden. Allein die Tatsache, dass sein erstes Wunder war, Wasser in Wein zu verwandeln, finde ich großartig und so sympathisch. Aber ER ließ sich nicht nur einladen. Atemberaubend die Szene, als Jesus seinen Jüngern als Auferstandener am See Genezareth erscheint. Sie waren fischen wie früher und ER steht am Strand. Bis die Jünger begreifen, dass ER es ist. Ihr geliebter Jesus. Wäre das nicht schon genug gewesen? Jesus erscheint ihnen noch einmal. Der Auferstandene wartet auf sie. Meine Güte, wie aufregend für die Jünger. Mir hätte das genügt. Jesus anscheinend nicht. Er hat Abendessen für sie gemacht. ER hat Fisch gegrillt! Echt der Hammer. ER ist immer für eine Überraschung gut. Auch heute noch.

Ich komme, Herr,
mit meiner ganzen Erschöpfung,
meiner Müdigkeit,
vermisse meine Kraft!

DU kommst
mit Deiner ganzen Erquickung,
Deiner Liebe
und Leidenschaft.

Wie es mir geht,
muss ich Dir nicht erst sagen.
Du weißt,
was mir fehlt.

DU kennst meine
Schwäche und Traurigkeit,
einfach alles,
was mich quält.

Ich will sehen, Herr,
welche Wunder
auch heute noch
geschehen.

Schenk mir neue Zuversicht,
Vertrauen und Kraft
tiefer, klarer,
neu zu sehen.

Auch ich sage Dir:
„Mach mich gesund."
Gib neue Kraft mir,
etwas mehr in jeder Stund.

Dann will ich mutig
einen neuen Schritt gehen,
heraus aus der Erschöpfung
und wieder neu sehen.

Schwester Teresa

SINGE DICH FREI!

Eine meiner großen Leidenschaften ist die Musik, ich fand dies aber erst im Kloster heraus. Wer wollte, durfte ein Instrument erlernen. Da die Orgel schwer zu transportieren ist, entschied ich mich für die Gitarre. Und weil das Erlernen manchmal langweilig war, entschied ich mich fürs Komponieren. Alle neun meiner großen Musicals, die ich zur Aufführung brachte, habe ich auf der Gitarre komponiert.

SINGEN IST DOPPELT BETEN

In unserer Kleinen Kommunität und in der Gemeindearbeit spielte der Lobpreis von Anfang an eine große Rolle. Mein Kinderchor, der Jugendchor, der Gemeindechor und das Musicalteam waren meine Lebensfreude, denn singen ist wie doppelt beten. Wir konnten noch so müde und erschöpft sein, wenn wir die Proben begannen – nach jedem Lobpreis waren wir wieder wie erfrischt.

Als der Herr neue Pläne für mich hatte und mich in die Welt schickte, um durch meine Vorträge die Menschen zu ermutigen, wurde der Lobpreis auf den vielen Kilometern im Auto unser täglicher Begleiter. Wenn ich ins Auto steige, beginnt jede Fahrt mit einem Gebet. Vor allem auf den vielen Nachtfahrten singe ich und preise den Herrn. Spannende Hörbücher und Krimis hören wir allerdings auch gerne.

DIE STIMMEN DER BERGE

Wie überrascht war ich, als 2019 der Manager einer Boygroup anrief und fragte, ob ich mir vorstellen könnte, mit den „Stimmen der Berge" eine moderne Kirchen-CD aufzunehmen. Natürlich konnte ich mir das vorstellen. Und als der Musiker Thomas Gruber kam, komponierten wir innerhalb von 24 Stunden eine unglaubliche CD – „Lebe, lache liebe ... dich frei". Sie erschien 2019, im Anschluss gingen wir zusammen auf Tournee. Während meiner Erkrankung wurde das Lied „Ich bin bei Dir" mein inniger Trost und brachte mich regelmäßig zu Tränen. Aber beim Lied „Lach dich gesund" konnte ich immer wieder mitlachen.

Mit dem QR-Code im Inhaltsverzeichnis können Sie den Text zu „Lach dich gesund" herunterladen.

LOBPREIS

Lobpreislieder stärken die Liebe zu Gott und den Glauben, denn Musik ist die umfassendste Sprache des Menschen. Klänge und Rhythmen sprechen das Unterbewusste an. Musik macht uns zufrieden, verbindet Herzen, hilft bei Burn-out und ist hilfreich bei Depressionen. Und mir helfen Lobpreislieder immer, neuen Mut zu fassen.

Zu meinen Lieblingslobpreisliedern, wenn ich müde oder traurig bin, gehören die beiden Lieder von Andreas Volz: „Schick Dein Gebet zum Himmel" und „Freude (etwas in mir)".

Das erste Lied beginnt mit dem Satz: „Schick Dein Gebet zum Himmel, warte nicht länger, bis zu viel Zeit vergeht." Der Text trifft genau meine Gefühle, wenn ich erschöpft bin. Und auch die folgenden zwei Strophen treffen genau den richtigen Ton:

SCHICK DEIN GEBET ZUM HIMMEL

„Trübe Gedanken nebeln dich ein,
so viele Schranken schränken dich ein.
Bist deine Hoffnung los, hoffnungslos,
aussichtslos, Nerven liegen bloß.
Tränen verschleiern deine Sicht,
Stück für Stück weicht das Licht.

Deine Füße schwer wie Blei, dein Herz in Ketten,
du bist nicht mehr frei,
Chaos der Gefühle, völlig verwirrt.
Bist irritiert – hast dich verirrt.
Tränen verschleiern deine Sicht,
Stück für Stück weicht das Licht."

Auch aus dem anderen Lied möchte ich Ihnen eine Strophe vorstellen, die berührt und beschwingt:

FREUDE (ETWAS IN MIR)

„Etwas in mir zeigt mir, dass es Dich wirklich gibt.
Ich bin gewiss, dass Du lebst,
mich kennst und mich liebst.
Du bringst mich zum Lachen, machst,
dass mein Herz singt.
Du bringst mich zum Tanzen, meine Seele schwingt.
Ich atme auf in Deiner Gegenwart,
Herr, Du allein
gibst mir Freude, die von innen kommt.
Freude, die mir niemand nimmt.
Herr, Du machst mein Leben hell
mit dem Licht Deiner Liebe."

MEINE ENERGIE-LIEFERANTEN

AVOCADO

Die cremige Frucht stärkt dank wertvoller ungesättigter Fettsäuren und vieler Vitamine die Nerven und das Immunsystem. Sie ist außerdem gut für die Muskulatur, schützt die Zellen und ist entzündungshemmend.

DATTELN

Die süßen Früchte stecken voller Vitamine und Nährstoffe. Sie beruhigen die Nerven, helfen gegen Schlaflosigkeit und unterstützen die Leber bei der Entgiftung. Durch ihre natürliche Süße sind sie auch eine gesunde Alternative zu Industriezucker.

GRANATAPFEL

Die köstliche Frucht senkt den Blutdruck, ist gut für das Gehirn, für die Leber und den Darm. Sie stärkt die Immunabwehr, lindert Entzündungen – kurzum: Granatapfelkerne kann man nicht oft genug über einen Salat streuen, pur naschen oder im Obstsalat verwenden.

PAPAYA

Die tropische Frucht hilft bei Magen-Darm-Problemen und stärkt das Immunsystem. Sie enthält besonders viel Vitamin C, ist aber auch reich an vielen anderen Vitaminen und sorgt dafür, dass unser Körper Eiweiß leichter verdauen kann.

WASSERMELONE

Wassermelonen stärken das Immunsystem und wirken blutdrucksenkend. Außerdem haben sie durch das enthaltene Lycopin und Vitamin C eine antioxidative Wirkung.

„Schon als Kind liebte ich Wassermelone, wenn wir am Meer waren. An heißen Tagen und schön vorgekühlt ist sie eine herrliche Erfrischung. Ich friere sie auch gerne püriert mit etwas untergerührter Minze und Zitronensaft in Eisformen ein. So kann ich sie das ganze Jahr als Eis genießen."
Schwester Teresa

ZARTBITTERSCHOKOLADE

Dunkle Schokolade ab 70 Prozent Kakaoanteil hat einen positiven Effekt auf das Herz-Kreislauf-System, enthält wertvolle Antioxidantien, senkt den Blutdruck und wirkt entzündungshemmend.

WALNÜSSE

Die aromatischen Nüsse stärken die Abwehrkräfte, liefern viel Eiweiß, sind blutdrucksenkend und stärken dank besonders vieler wertvoller Fettsäuren die Nerven.

AMARANT

Die kleinen nussigen Körner stecken voller Energie, denn Amarant beinhaltet eine Fülle an leicht verwertbaren Nähr- und Vitalstoffen wie Eiweiß und essenzielle Aminosäuren, zum Beispiel Lysin, die vom Körper nicht selbst produziert werden können. Außerdem enthält es Magnesium, Kalium, Natrium, Eisen und Phosphor. So kann Amarant bei Entzündungen, beim Abnehmen und beim Kampf gegen einen zu hohen Cholesterinspiegel helfen.

KICHERERBSEN

Dank vieler Ballaststoffe sind sie gut für die Darmflora und die Verdauung. Sie enthalten viel pflanzliches Eiweiß, unterstützen die Blutbildung, sind gut für den Blutzuckerspiegel und einfach echte Fitmacher.

ROTE BETE

Die dunklen Knollen senken den Blutdruck, hemmen Entzündungen, schützen Körperzellen, steigern die kognitive und physische Leistung und wirken sich nicht nur positiv auf den Blutdruck aus, sondern auch auf die Blutbildung.

FENCHEL

Das bisweilen unterschätzte Gemüse enthält doppelt so viel Vitamin C wie Orangen und wirkt antibakteriell und entzündungshemmend. Zudem lindert Fenchel Blähungen und wirkt verdauungsfördernd.

SPITZKOHL

Die zarte Kohlsorte unterstützt durch viele Vitamine das Immunsystem und liefert wertvolle Ballaststoffe, die gut für die Darmflora und die Verdauung sind. Durch ihre Senföle wirkt sie zudem entzündungshemmend und beugt Erkältungen vor. Spitzkohl ist besser verträglich und wirkt weniger blähend als die meisten anderen Kohlarten.

MISO

Miso ist reich an essenziellen Mineralien und eine gute Quelle für verschiedene B-Vitamine. Außerdem enthält es viel Vitamin E, K und Folsäure. Als fermentierte Nahrung versorgt Miso den Darm mit nützlichen Bakterien.

„Ich liebe Miso in allen Variationen. Kennengelernt hatten wir es schon vor 20 Jahren durch Misosuppe, wenn wir Sushi essen waren. Während meiner Krebserkrankung habe ich die Originalsuppe mit Misopaste, Dashi und Kombu-Algen selber gekocht. Für Japaner ist Misopaste unersetzlich und eine Quelle des Geschmacks. Sie bezeichnen den Geschmack der Paste als ‚Umami', was so viel wie ‚wohlschmeckend' und ‚vollmundig' bedeutet."
Schwester Teresa

MEINE ECHTE ENERGIESPEISE

Energie wird allgemein als körperliche und geistige Spannkraft definiert, als das Vermögen, tätig sein zu können. Energie besitzt also nicht nur eine physikalisch messbare Komponente und sollte auch nicht darauf reduziert werden. Eine „echte Energiespeise" lässt sich ebenfalls nicht auf einzelne Zutaten und deren antioxidatives Potenzial beschränken, vielmehr müssen die Zubereitung und das Essen an sich sowie die damit verbundenen Emotionen berücksichtigt werden.

Wenn wir in der klassischen Medizin die Wirksamkeit einer Substanz beurteilen wollen, wird mit den modernsten Messmethoden versucht, die entscheidenden Wirkstoffe zu identifizieren und dann zu untersuchen, welche Dosis für welche bestimmte Wirkung am geeignetsten ist. Wenn das bestimmt ist, wird im Anschluss versucht sicherzustellen, dass jede Tablette oder jede Spritze die identische Dosis und Zusammensetzung aufweisen. Wenn wir dies nun auf unsere Speisen übertragen wollen, wird sehr schnell klar, dass das nicht nur schwer umsetzbar, sondern auch nicht sinnvoll ist.

Viele Substanzen unserer Nahrungsmittel und besonders deren Wechselwirkung mit anderen Substanzen sind wissenschaftlich noch längst nicht ausreichend erforscht – das erklärt übrigens auch, weshalb sich die Ergebnisse einzelner Studien zum Teil deutlich widersprechen. Eine „echte Energiespeise" lässt sich deshalb besser individuell bestimmen.

Viele Informationen können Sie zum Selbstausfüllen und Ausdrucken über den QR-Code im Inhaltsverzeichnis zusätzlich herunterladen. So zum Beispiel diesen Fragebogen und das Essenstagebuch auf Seite 28.

SO FINDEN SIE IHRE ENERGIESPEISE

Gesundheit hat eine körperliche, eine seelische und eine soziale Komponente. Bestimmen Sie Ihre Energiespeisen durch die Beantwortung dieser Fragen nach dem Essen:

1. Wie schmeckt mir meine Speise und wie fühlt sich die Verdauung im Anschluss an?

____

2. Welche Emotionen löst die Speise in mir aus?

____

3. Was für Auswirkungen hat meine Speise auf meine Umgebung, auf meine Zugehörigen und auf mich selbst?

____

Machen Sie sich auf die Suche nach Ihren persönlichen Energiespeisen! Wir möchten Ihnen dabei helfen und Sie inspirieren, deshalb finden Sie auf den nächsten Seiten unsere besten Rezepte gegen Erschöpfung und Müdigkeit.

♥ ♡ ♡ Für 4 Portionen | 10 Minuten Vorbereitungszeit | 25 Minuten Gesamtzeit

ARTISCHOCKENSALAT

ZUTATEN

4–6 kleine Artischocken
Salz
2 EL Walnussessig
1 EL Olivenöl
1 TL Agavendicksaft oder Honig
frisch gemahlener Pfeffer
1 Prise Liebe ♥

ZUBEREITUNG

Von den Artischocken die Blätter ablösen (zum Beispiel für die Suppe, siehe rechts, aufheben). Das Heu entfernen. Den Stiel mit einem Messer schälen, aber nicht abschneiden.

Die Artischockenherzen und -stiele ca. 15 Minuten in leicht gesalzenem Wasser weich kochen. Dann mit einer Schaumkelle aus dem Sud heben. Halbieren, in Scheiben schneiden und in eine Schüssel füllen.

Aus Essig, Olivenöl, Agavendicksaft oder Honig, etwas Salz und Pfeffer eine Vinaigrette anrühren. Über die Artischocken gießen, alles vermengen und auf einem Teller anrichten.

SCHWESTER TERESAS ZUSATZREZEPT

Leider werfen viele die Blätter der Artischocke weg, dabei kann man eine herrliche Suppe daraus machen.

ZUTATEN

4 kleine Artischocken oder
1 große Artischocke
1 TL Safran (alternativ Kurkumapulver)
400 ml Gemüsebrühe
1 cm frischer Ingwer
1 Knoblauchzehe

ZUBEREITUNG

Die Artischockenblätter ablösen und zur Seite stellen, das Heu entfernen. Den Safran in 4 Esslöffeln lauwarmem Wasser einweichen.

Die Artischockenblätter in einem Topf mit der Gemüsebrühe aufkochen. Ingwer und Knoblauch schälen, fein würfeln und dazugeben. Die Suppe 10–15 Minuten köcheln und am Schluss den Safran dazugeben. Die Suppe durch ein Sieb gießen und servieren.

Für 4 Portionen | 15 Minuten Vorbereitungszeit | 20 Minuten Gesamtzeit ♥ ♡ ♡

CEVICHE VON DER SÜSSKARTOFFEL

ZUTATEN

2–3 Süßkartoffeln
Salz
1 Stange Staudensellerie
¼ rote Chilischote
1 cm frischer Ingwer
1 Knoblauchzehe
½ rote Zwiebel
1 Bio-Limette
2 Orangen
1 EL Agavendicksaft
2–3 Stängel Koriander
8 Blätter Basilikum
1 Passionsfrucht nach Geschmack
1 Prise Liebe ♥

ZUBEREITUNG

Süßkartoffeln schälen und in kleine Würfel schneiden. 150 ml Wasser aufkochen und die Süßkartoffelwürfel darin 5 Minuten bissfest kochen. Abgießen, in eine Schüssel umfüllen und leicht salzen.

Staudensellerie von Fäden befreien und in dünne Scheiben schneiden. Zur Süßkartoffel geben.

Chilischote klein schneiden, Ingwer und Knoblauch schälen und fein reiben. Die Zwiebel schälen und in feine Streifen schneiden. Limettenschale fein abreiben und Orangen auspressen. Alles zusammen mit dem Agavendicksaft zu den Süßkartoffelwürfeln geben und gut vermengen.

Koriander mit den Stängeln klein schneiden, die Basilikumblätter ebenfalls klein schneiden und beides zu den Süßkartoffeln geben. Wer mag, gibt nun auch das Passionsfruchtfleisch hinzu. Gut vermengen, schön auf einem Teller anrichten und servieren.

„Ein leckerer Vitaminkick,
der zeigt: Es muss nicht immer Fisch
sein für eine Ceviche, Süßkartoffeln
eignen sich ebenso dazu."
Schwester Teresa

♥ ♡ ♡ Für 4 Portionen | 20 Minuten Vorbereitungszeit | 50 Minuten Gesamtzeit

GLASNUDELSALAT

ZUTATEN

FÜR DEN SALAT

100 g Glasnudeln
1 rote Paprikaschote
2 Karotten
1 Gurke
3 Frühlingszwiebeln
½ Bund Koriander
½ Bund Minze

FÜR DIE ERDNUSS-SAUCE

1 Knoblauchzehe
1 Limette oder Zitrone
50 g Erdnussbutter
3 EL Sojasauce
1 EL Agavendicksaft
1 EL Reisessig
½ TL Sriracha-Sauce
1 TL geröstetes Sesamöl

AUSSERDEM

weißer Sesam zum Bestreuen
1 Prise Liebe ♥

ZUBEREITUNG

Die Glasnudeln in eine Schüssel geben, mit kochendem Wasser übergießen und 10 Minuten einweichen.

Paprika halbieren, putzen, waschen und in dünne Streifen schneiden. Karotten schälen und raspeln. Gurke in kleine Würfel schneiden. Die Frühlingszwiebeln in feine Ringe schneiden. Koriander- und Minzeblätter fein hacken.

Für die Erdnuss-Sauce Knoblauch schälen und fein reiben. Limette oder Zitrone auspressen. Alle Zutaten gut verrühren und so viel warmes Wasser hinzurühren, bis die Konsistenz schön samtig und cremig ist.

Die Glasnudeln abgießen und in eine Schüssel füllen. Mit einer Küchenschere kleiner schneiden. Alle anderen Zutaten und auch die Sauce hinzugeben. Gut vermischen und im Kühlschrank mindestens 30 Minuten ziehen lassen. Mit Sesam bestreuen und auf einer Platte anrichten.

TIPP

Der Salat war ursprünglich ein Resteessen. Alles, was noch im Kühlschrank war, wanderte hinein. In unserer Gemeinschaft ist er zu einem echten Bestseller geworden – der immer wieder variiert werden kann, je nachdem, was im Kühlschrank ist. Er schmeckt einfach köstlich und es bleibt nichts übrig.

Für 4 Portionen | 10 Minuten Vorbereitungszeit | 15 Minuten Gesamtzeit ♥ ♡ ♡

HERZHAFTE KARTOFFELWAFFELN MIT APFELMUS ODER LACHS

ZUTATEN

1 kg festkochende Kartoffeln
1 Zwiebel
2 Eier
1 EL Haferflocken
3 EL Vollkorndinkelmehl
2 TL Salz
2 TL neutrales Pflanzenöl

AUSSERDEM
neutrales Pflanzenöl zum Einfetten
geräucherter Lachs und Schmand oder Apfelmus zum Servieren
1 Prise Liebe ♥

ZUBEREITUNG

Die Kartoffeln schälen und fein reiben. In einem Sieb kurz abtropfen lassen, dann in eine Schüssel füllen.

Die Zwiebel schälen, fein hacken und mit den übrigen Zutaten zu den Kartoffeln geben. Alles zu einem Teig verrühren.

Das Waffeleisen vorheizen, dünn mit Öl bestreichen und den Teig nach und nach im Waffeleisen zu goldgelben Waffeln backen.

Die Waffeln entweder mit etwas Schmand und geräuchertem Lachs oder mit Apfelmus servieren.

♥ ♡ ♡ Für 4 Portionen | 10 Minuten Vorbereitungszeit | 15 Minuten Gesamtzeit

DATTEL-DINKELMEHL-WAFFELN MIT MANDELMUS

ZUTATEN

70 g Datteln
300 ml Milch (3,8 % Fett)
2 Eier
50 g weiche Butter
30 g Mandelmus
1 TL Backpulver
½ TL Zimtpulver
1 Prise Salz
200 g Dinkelvollkornmehl

AUSSERDEM

neutrales Pflanzenöl zum Einfetten
1 Prise Liebe ♥

ZUBEREITUNG

Die Datteln entkernen und grob zerkleinern. Mit der Milch in einen Topf geben und kurz erwärmen. Anschließend mit dem Stabmixer pürieren.

Eier, Butter, Mandelmus, Backpulver, Zimt und Salz zugeben und alles zu einer homogenen Masse verrühren. Das Mehl hinzugeben und mit dem Schneebesen glatt unterrühren.

Das Waffeleisen vorheizen, einfetten und nach und nach goldgelbe Waffeln backen.

HAFERFLOCKEN-ZIMT-WAFFELN MIT FRISCHEN BEEREN

ZUTATEN

250 ml Milch (3,8 % Fett)
125 g Haferflocken
3 EL Agavendicksaft
½ TL Zimtpulver
2 EL weiche Butter
2 Eier
1 Prise Salz

AUSSERDEM

neutrales Pflanzenöl zum Einfetten
Joghurt zum Servieren
Heidelbeeren oder andere Beeren zum Belegen
1 Prise Liebe ♥

ZUBEREITUNG

Milch lauwarm erwärmen und mit den Haferflocken in einer Schüssel vermischen. 10 Minuten quellen lassen, bis die Milch von den Haferflocken aufgenommen ist.

Alle übrigen Zutaten zu den Haferflocken geben und die Mischung zu einem Teig verrühren.

Das Waffeleisen vorheizen, etwas einfetten und nach und nach aus dem Teig goldgelbe Waffeln backen. Zum Servieren auf jede Waffel einen Klecks Joghurt geben und die Waffeln mit frischen Beeren dekorieren.

♥ ♡ ♡ Für 4 Portionen | 30 Minuten Vorbereitungszeit | 1 Stunde Gesamtzeit

ROSENKOHL-SPIESSE MIT JOGHURT-MINZE-DIP

ZUTATEN

FÜR DIE SPIESSE
ca. 32 Rosenkohlköpfe
3 EL Olivenöl
Salz
frisch gemahlener Pfeffer

FÜR DEN DIP
1 Handvoll Minzeblätter
½ rote Chilischote
4 EL Joghurt (3,5 % Fett)
½–1 EL Agavendicksaft nach Geschmack
50 g Walnüsse
2 cm frischer Ingwer
½ TL Kreuzkümmelpulver
3 EL Zitronensaft
Salz
1 Prise Liebe ♥

ZUBEREITUNG

Die äußeren Blätter vom Rosenkohl entfernen, den Strunk etwas zurückschneiden und die Köpfe halbieren.

Den Backofen auf 180 °C (Ober-/Unterhitze) vorheizen. Ein Backblech mit Backpapier belegen.

Die Rosenkohlhälften mit dem Olivenöl vermischen und mit Salz und Pfeffer würzen. Auf dem Backblech verteilen und ca. 30 Minuten garen. Zwischendurch wenden.

In der Zwischenzeit für den Dip die Minzeblätter klein schneiden, ebenso die Chili. Alle übrigen Zutaten für den Dip mit einem Stabmixer pürieren, dann Minze und Chili unterrühren.

Die Rosenkohlköpfe etwas abkühlen lassen und zum Beispiel auf Spieße stecken. Zusammen mit dem Dip servieren.

„So ein köstlicher, gesunder Snack!
Einfach zum Reinlegen." – Schwester Teresa

Für 4-6 Portionen | 20 Minuten Vorbereitungszeit | 55 Minuten Gesamtzeit ♥ ♡ ♡

TERESAS PISSALADIÈRE

ZUTATEN

1 kg weiße Zwiebeln
2-3 Knoblauchzehen
2 EL Olivenöl
1 Rolle Fertigblätterteig aus dem Kühlregal
1 Eigelb
1 Glas in Öl eingelegte Anchovis (Füllmenge ca. 100 g)
18 schwarze Oliven
frisch gemahlener Pfeffer
1 Prise Liebe ♥

TIPP

Wenn während des Backens der unbelegte Blätterteig nach oben geht, macht das nichts. Einfach nach dem Vorbacken mit der Gabel runterdrücken.

Am besten schmecken Oliven mit Stein, aber mit bereits entsteinten Oliven geht es schneller.

ZUBEREITUNG

Die Zwiebeln schälen, halbieren und in feine Streifen schneiden. Den Knoblauch schälen und fein hacken.

Öl in einer großen Pfanne erhitzen. Zwiebeln und Knoblauch darin 15-20 Minuten bei mittlerer Hitze weich dünsten. Die Zwiebeln dürfen Farbe annehmen. Anschließend abkühlen lassen.

In der Zwischenzeit den Backofen auf 180°C (Ober-/Unterhitze) vorheizen. Ein Backblech mit Backpapier auslegen.

Den Blätterteig entrollen. Auf das Blech legen und die Seiten mit dem Finger dünn einschlagen. Die Innenfläche mehrmals mit der Gabel einstechen und den Rand mit verquirltem Eigelb bestreichen. 10-15 Minuten im Ofen auf mittlerer Schiene backen, dann herausnehmen und etwas abkühlen lassen. Die Ofentemperatur auf 200-220°C erhöhen.

Die Anchovis kurz abspülen und trocken tupfen. Zuerst die abgekühlten Zwiebeln auf dem Blätterteig verteilen. Mit Anchovis und Oliven schön belegen und 10-20 Minuten goldgelb backen.

„Dieses Gericht steht für alles, was mich an die französische Küche erinnert. Es schmeckt himmlisch und weckt neue Lebensfreude und Energie." - Schwester Teresa

♥ ♡ ♡ Für 4 Portionen | 10 Minuten Vorbereitungszeit | 25 Minuten Gesamtzeit

TOMATENTARTE

ZUTATEN

FÜR DEN TEIG
1 Rolle fertiger Blätterteig aus dem Kühlregal
(alternativ 1 Rolle Hefeteig)
1 Eigelb

FÜR DIE TAPENADE
1 Knoblauchzehe
1 Handvoll schwarze Oliven ohne Steine
5 in Öl eingelegte Anchovis aus dem Glas
2 EL Kapern
2 EL Olivenöl

FÜR DEN BELAG
400 g bunte Cocktailtomaten
(alternativ Sorte Ihrer Wahl)
Salz
frisch gemahlener Pfeffer

AUSSERDEM
3 EL zerbröselter Fetakäse
(alternativ geriebener Parmesan oder
fester Ziegenkäse) zum Bestreuen
Basilikumblätter zum Garnieren
1 Prise Liebe ♥

ZUBEREITUNG

Den Backofen auf 180 °C (Ober-/Unterhitze) vorheizen. Ein Backblech mit Backpapier auslegen.

Den Blätterteig entrollen und leicht ausrollen. Auf das Blech legen und die Seiten mit dem Finger dünn einschlagen, damit ein Rand entsteht. Den Boden mehrmals mit einer Gabel einstechen. Das Eigelb verquirlen und den Teig damit bestreichen. Im Backofen auf mittlerer Schiene 10–15 Minuten goldbraun backen.

Für die Tapenade den Knoblauch schälen. Mit Oliven, Anchovis, Kapern und dem Olivenöl grob im Mixer pürieren. Bei Bedarf etwas mehr Olivenöl verwenden. Die Cocktailtomaten halbieren.

Den Blätterteig aus dem Ofen nehmen und die Temperatur im Backofen auf 200 °C erhöhen. Die Tapenade auf dem Boden verstreichen. Tomaten darauf verteilen, dann salzen und pfeffern. Die Tarte für 10 Minuten weiterbacken, dann aus dem Ofen nehmen und noch warm mit dem Käse verfeinern und mit Basilikumblättern garnieren.

Für 4 Portionen | 5 Minuten Vorbereitungszeit | 15 Minuten Gesamtzeit ♥♡♡

LAMMKOTELETTS MIT KURKUMA-SESAM-KRUSTE

ZUTATEN

12 Lammkoteletts
2 EL schwarzer Sesam
2 EL weißer Sesam
2 EL Kurkumapulver
1 Msp. Salz
1 Eiweiß
2 EL Olivenöl
1 Prise Liebe ♥

ZUBEREITUNG

Die Lammkoteletts abspülen, trocken tupfen und bei Bedarf parieren. Beide Sorten Sesam mit Kurkuma und Salz in einem tiefen Teller mischen.

Das Eiweiß in einer Schüssel mit der Gabel verquirlen und damit die Lammkoteletts bestreichen. Jedes Kotelett von beiden Seiten in der Sesammischung wenden und alles, was haften bleibt, fest andrücken.

Den Backofen auf 80 °C (Ober-/Unterhitze) vorheizen. Das Olivenöl in einer Pfanne erhitzen und die Koteletts nach und nach von beiden Seiten 2–3 Minuten braten. Auf einem großen Teller oder einer Platte im Ofen bis zum Servieren warm halten.

SCHWESTER TERESAS BEILAGENREZEPT

Wir servieren die Lammkoteletts gerne mit grünem Bohnensalat.

ZUTATEN

1 kg grüne Bohnen
1–2 Knoblauchzehen
3 EL Weißweinessig
2 EL Olivenöl
Salz
frisch gemahlener Pfeffer

ZUBEREITUNG

Die grünen Bohnen putzen und in feine Streifen schneiden. 3–5 Minuten in kochendem Wasser blanchieren, dann abgießen, abschrecken und in eine Schüssel geben.

Knoblauch schälen und sehr fein würfeln. Mit Essig, Olivenöl, etwas Salz und Pfeffer verrühren und mit den Bohnen mischen.

♥ ♡ ♡ Für 4 Portionen | 10 Minuten Vorbereitungszeit | 30 Minuten Gesamtzeit

HEILBUTT WIE IN TANGER

ZUTATEN

500 g Heilbuttfilet (frisch oder gefroren)
2 Eier
2 Knoblauchzehen
2 cm frische Kurkuma
10 Stängel Koriander
50 g Mehl
1 TL Dillspitzen
1 EL Rapsöl
1 Zitrone
1 Prise Liebe ♥

ZUBEREITUNG

Am besten frischen Fisch verwenden. Falls gefrorener Fisch verwendet wird: Über Nacht abgedeckt im Kühlschrank auftauen lassen und das Wasser abtropfen lassen.

Für die Gewürzpaste die Eier in eine Glas- oder Porzellanschale schlagen. Knoblauch und Kurkuma schälen und sehr fein hacken oder reiben. Korianderblätter klein schneiden und alles zusammen mit dem Mehl zu den Eiern geben. Einige Minuten verrühren, dann ¼ der Dillspitzen hinzurühren.

Den Heilbutt in 4 etwa gleich große Stücke schneiden. Kalt abspülen und trocken tupfen. Auf eine Arbeitsfläche legen und zuerst die Oberseiten mit der leicht flüssigen Gewürzpaste bestreichen. Einige Minuten einziehen lassen, dann wenden und die andere Seite ebenfalls bestreichen. Den Rest der Dillspitzen auf die bestrichenen Fischfilets legen.

Das Rapsöl in einer Pfanne erhitzen und die Fischfilets bei mittlerer Hitze je nach Geschmack 3–6 Minuten braten. Die Zitrone in Spalten schneiden und mit den Fischfilets auf Teller verteilen. Als Beilage passt dazu am besten ein frischer Salat.

„Ich liebe es, mit meinen Händen die Fische mit der Gewürzpaste einzumassieren."
Dr. Sehouli

TIPP

Die Marinade ist köstlich und man kann mir ihr auch sehr gut Hühnerfleisch marinieren. Himmlisch lecker!

MAROKKANISCHE FISCHSPIESSE

ZUTATEN

FÜR DIE MARINADE

100 g getrocknete, in Öl eingelegte Tomaten
½ kleine rote Zwiebel
3 Knoblauchzehen
½ Bund Koriander
1 TL Kreuzkümmelpulver
1 TL Zimtpulver
1 TL Chilipulver
½ TL Ras el-Hanout
2 EL Agavendicksaft oder Honig

FÜR DIE SPIESSE

400 g Barschfilet oder anderes weißes, festes Fischfilet
2 rote Zwiebeln
2 kleine Zucchini
2 kleine Karotten
Salz
frisch gemahlener Pfeffer
1 Prise Liebe ♥

ZUBEREITUNG

Die Tomaten abgießen und grob schneiden. Das Öl dabei auffangen. Zwiebel und Knoblauch schälen und grob hacken. Vom Koriander die dicken Stängel entfernen.

Alle Zutaten für die Marinade in einen Mixer geben oder mit dem Stabmixer pürieren, dabei so viel Tomatenöl dazugeben, bis die Marinade schön cremig ist. Die Marinade in eine Schale geben.

Das Fischfilet abspülen, trocken tupfen und in kleine Stücke schneiden. Zur Marinade geben und darin wenden, dann abgedeckt mindestens 1 Stunde im Kühlschrank marinieren lassen.

Karotten und Zucchini in sehr dünne Scheiben schneiden oder hobeln. Die Zwiebeln schälen, vierteln und die Schichten trennen.

Den Backofen auf 200°C (Grillfunktion) vorheizen. Das marinierte Fischfilet abwechselnd mit Karotte, Zucchini und Zwiebel aufspießen und auf ein mit Backpapier belegtes Backblech legen. Unter dem Backofengrill 6 Minuten garen, nach der Hälfte der Zeit einmal wenden. Alternativ können die Spieße auf dem Grill bei direkter Hitze von jeder Seite 1–2 Minuten gegart werden. Zum Schluss mit Salz und Pfeffer abschmecken.

♥ ♡ ♡ Für 4 Portionen | 25 Minuten Vorbereitungszeit | 40 Minuten Gesamtzeit

VOLLKORNNUDELN MIT ROSENKOHL

ZUTATEN

250 g Rosenkohl
400 g Vollkornnudeln (z. B. Spirelli oder Farfalle)
Salz
1 rote Chilischote
3 Knoblauchzehen
40 g Parmesan
3 EL Olivenöl
frisch gemahlener Pfeffer
1 Prise Liebe ♥

ZUBEREITUNG

Rosenkohl putzen, die Stielansätze herausschneiden und die größeren Blättchen vom Rosenkohl lösen. Die Rosenkohlherzen vierteln.

Etwas Wasser aufkochen und die Rosenkohlblätter und geviertelten Rosenkohlherzen 3–4 Minuten blanchieren. Abgießen und sofort abschrecken, damit die leuchtend grüne Farbe erhalten bleibt.

Die Nudeln nach Packungsanweisung in kochendem Salzwasser bissfest garen. In der Zwischenzeit die Chilischote in kleine Würfel schneiden, Knoblauch schälen und in dünne Spalten schneiden, Parmesan grob reiben.

Eine große Pfanne erhitzen, das Olivenöl hineingeben und den Knoblauch bei mittlerer Hitze anbraten. Chili dazugeben und kurz mitbraten, die Rosenkohlblätter untermengen.

Nudeln abgießen, abtropfen lassen und zum Rosenkohl geben. Mit Salz und Pfeffer würzen und mit dem Parmesan bestreut servieren.

TIPP

Rosenkohl zu entblättern ist für mich eine Entspannungsarbeit, die sich richtig lohnt. Das Ergebnis ist einfach herrlich, voller Geschmack – und das Aroma ist einzigartig. Manchmal schwenke ich die Rosenkohlblätter nach dem Blanchieren in etwas Butter an und bestreue sie mit gerösteten Nüssen. Manchmal gebe ich sie auf eine Platte und richte eine gebratene Wachtel wie in einem Nest darauf an. Lecker, lecker.

TIPP

Bei den Kürbissorten können Sie variieren. Hokkaido-, Butternuss- oder Muskatkürbis sind besonders einfach zu verarbeiten, denn diese Sorten haben eine essbare Schale und müssen für die Suppe nicht geschält werden.

Für 4 Portionen | 15 Minuten Vorbereitungszeit | 45 Minuten Gesamtzeit ♥ ♡ ♡

INGWER-KAROTTENSUPPE MIT KURKUMA UND ROTER BETE

ZUTATEN

8 Karotten
½ Hokkaido-Kürbis
2 frische Rote Beten
(alternativ vorgekochte Rote Bete)
2 Kartoffeln
2 Zwiebeln
4 cm frischer Ingwer
(alternativ 1 TL Ingwerpulver)
2 cm frische Kurkuma
(alternativ 1 TL Kurkumapulver)
2 EL Rapsöl oder Olivenöl
300 ml Kokosmilch
1 Msp. Salz
frisch gemahlener Pfeffer

AUSSERDEM

Olivenöl zum Beträufeln
Minze- oder Korianderblätter zum Bestreuen
1 Prise Liebe ♥

ZUBEREITUNG

Karotten schälen, putzen und in kleine Stücke schneiden. Dann Kürbis, Rote Bete und Kartoffeln schälen. Beim Kürbis Kerne und Fasern entfernen. Das Gemüse in kleine Stücke schneiden. Zwiebeln schälen und würfen. Frischen Ingwer und Kurkuma schälen und in feine Scheiben schneiden oder die gemahlenen Gewürze bereitstellen.

In einem Topf das Rapsöl oder Olivenöl erhitzen und die Zwiebelwürfel darin glasig dünsten. Dann unter häufigem Rühren die Kürbis- und Karottenstücke sowie die Kartoffeln und Rote Bete dazugeben. Nun Ingwer und Kurkuma zugeben, einrühren und kurz anschwitzen.

So viel Wasser dazugeben, bis die Zutaten bedeckt sind. Die Suppe ca. 45 Minuten bei mittlerer Hitze köcheln lassen, gegebenenfalls mehr Wasser hinzugeben. Den Topf vom Herd nehmen und vorsichtig mit einem Stabmixer pürieren. Die Kokosmilch hinzurühren, wenn die Suppe zu dickflüssig ist, etwas Wasser nachgießen. Mit Salz und Pfeffer abschmecken.

In einer Schale anrichten, mit einem Tropfen Olivenöl verfeinern und mit frischen Minze- oder Korianderblättern garnieren.

♥ ♡ ♡ Für 4 Portionen | 20 Minuten Vorbereitungszeit | 1:30 Stunden Gesamtzeit

HÜHNERSUPPE MIT INGWER UND MISO

ZUTATEN

1 Suppenhuhn (ca. 1 kg)
2 Zwiebeln
½ TL Pfefferkörner
2–3 Gewürznelken
1 TL Salz
1–2 Lorbeerblätter
3 cm frischer Ingwer
2 Karotten
150 g Knollensellerie
1 Stange Lauch
4 Stängel Petersilie
2 EL helle Misopaste
1 Prise Liebe ♥

TIPP

Sobald bei uns jemand schnupft, wird ein Huhn ins Wasser geworfen. Aber auch an den Wochenenden gibt es das Miso-Huhn. Es gibt Kraft und schmeckt wie bei Mama.

Miso passt besonders gut in Suppen, aber es lohnt sich, auch mal Gemüse, Dressings, Dips und Marinaden mit etwas Misopaste zuzubereiten.

ZUBEREITUNG

Das Suppenhuhn unter kaltem Wasser abbrausen. Falls noch vorhanden, die Fettdrüse (Bürzel) mit einem scharfen Messer entfernen. Keulen und Flügel mit Küchengarn an den Körper binden.

Die Zwiebeln mit Schale waagerecht halbieren und in einem großen Topf ohne Fett auf der Schnittfläche stark anrösten, damit die Suppe Farbe bekommt. Das Suppenhuhn in den Topf geben und so viel kaltes Wasser angießen, bis das Huhn bedeckt ist, etwa 2–3 Liter. Aufkochen und den sich bildenden Schaum abschöpfen, damit die Suppe schön klar bleibt.

Pfefferkörner, Gewürznelken, Salz und Lorbeerblätter dazugeben. Den Ingwer schälen, in Scheiben schneiden und ebenfalls dazugeben. Die Hitze reduzieren und das Huhn 1,5 Stunden sanft köcheln lassen.

Karotten und Knollensellerie schälen und in kleine Würfel schneiden. Den Lauch längs halbieren und in feine Streifen schneiden. Petersilienblätter klein schneiden. Gemüse zum Huhn geben und die letzten 20 Minuten mitgaren.

Das Suppenhuhn aus der Brühe nehmen und leicht abkühlen lassen. Haut entfernen, von den Knochen lösen und klein würfeln. Zurück zur Suppe geben.

Die Misopaste in einer Suppenkelle Brühe verrühren, dann in die nicht mehr kochende Suppe geben. Mit Petersilie bestreut servieren.

Für 4 Portionen | 20 Minuten Vorbereitungszeit | 30 Minuten Gesamtzeit

PASTINAKEN-CREMESUPPE

ZUTATEN

FÜR DIE SUPPE
400 g Pastinaken
300 g Kartoffeln
1 Zwiebel
4 Knoblauchzehen
120 g Butter
Salz
frisch gemahlener Pfeffer
1 Prise Muskatnuss
1 l Gemüsebrühe

AUSSERDEM
50 g Kürbiskerne
½ Bund Schnittlauch
1 Prise Liebe ♥

ZUBEREITUNG

Pastinaken und Kartoffeln schälen und in grobe Stücke schneiden. Die Zwiebel schälen und in kleine Würfel schneiden. Knoblauch schälen und reiben.

Die Butter in einem Topf zerlassen. Zwiebel, Knoblauch, Pastinaken und Kartoffeln in der Butter anbraten. Mit Salz und Pfeffer würzen und etwas Muskatnuss dazugeben.

Die Gemüsebrühe angießen, alles aufkochen und 20 Minuten köcheln lassen, bis das Gemüse weich ist. Den Topf vom Herd ziehen und die Suppe mit einem Stabmixer fein pürieren.

Die Kürbiskerne in einer Pfanne ohne Fett rösten, bis sie leicht Farbe annehmen. Den Schnittlauch in feine Röllchen schneiden.

Die Suppe auf Teller verteilen und mit Schnittlauch und Kürbiskernen garniert servieren.

TIPP Wer mag, kann die Suppe auch noch weiter aufpeppen. Entweder mit einer Bio-Orange, deren Zesten und Saft vor dem Servieren in die heiße Suppe gerührt werden. Oder mit einer frittierten Pastinake. Dafür die Pastinake schälen und in dünne Scheiben hobeln. Die Scheiben in heißem Öl goldgelb frittieren, auf Küchenkrepp abtropfen lassen und mit etwas Salz in die Suppe geben.

Für 4 Portionen | 15 Minuten Vorbereitungszeit | 30 Minuten Gesamtzeit ♥♡♡

MINESTRONE À LA TERESA

ZUTATEN

2 Karotten
2 Stangen Staudensellerie
1 kleine Knolle Fenchel
2 Zwiebeln
150 g Wirsing, Grünkohl oder Mangold
2 Knoblauchzehen
100 g Kichererbsen aus dem Glas
50 g weiße Bohnen oder Cannellini-Bohnen aus dem Glas
50 g Kidneybohnen oder schwarze Bohnen aus dem Glas
2 EL Olivenöl
2 EL Tomatenmark
1 l Gemüsebrühe
4 Stängel Petersilie
2 Zweige Thymian
40 g Parmesan
1 Prise Liebe ♥

„Eine einfache, schnelle und köstliche Suppe voller Geschmack und Energie." – Schwester Teresa

ZUBEREITUNG

Das Gemüse putzen, alles, bis auf den Kohl, bei Bedarf schälen und in nicht zu kleine Würfel oder Ringe schneiden. Wirsing, Grünkohl oder Mangold in Rauten schneiden. Knoblauch schälen und fein hacken.

Die Kichererbsen und Bohnen in ein Sieb geben und abtropfen lassen.

Olivenöl in einem Topf erhitzen. Zwiebeln und Knoblauch darin anschwitzen. Karotten, Sellerie und Fenchel dazugeben und kurz anbraten. Tomatenmark dazugeben, ebenfalls kurz anbraten, dann alles mit Gemüsebrühe ablöschen. Das Blattgemüse dazugeben, die Suppe aufkochen und 8 Minuten köcheln lassen.

Kräuterblätter hacken, etwas zum Dekorieren beiseitelegen. Die restlichen Kräuter mit den Kichererbsen und Bohnen zur Suppe geben. Mit Salz und Pfeffer abschmecken.

Die Suppe auf Teller verteilen und mit den beiseitegelegten Kräutern dekorieren. Zum Schluss den Parmesan darüberhobeln und servieren.

♥ ♡ ♡ Für 4 Portionen | 10 Minuten Vorbereitungszeit | 50 Minuten Gesamtzeit

TÜRKISCHE ROTE LINSENSUPPE

ZUTATEN

1 große Zwiebel
1 große Kartoffel
1 große Karotte
1 rote Paprikaschote
1 Knoblauchzehe
20 g Petersilie
50 g Tomatenmark oder 2 Tomaten
50 g Butter
5 TL rosenscharfes Paprikapulver
200 g rote Linsen
1 TL Salz
1 TL frisch gemahlener Pfeffer
1 Zitrone
1 Prise Liebe ♥

ZUBEREITUNG

Als Erstes Zwiebel, Kartoffel und Karotte schälen und klein würfeln. Die Paprikaschote halbieren, putzen, waschen und ebenfalls klein würfeln. Den Knoblauch schälen und ebenso wie die Petersilie fein hacken. Falls Tomaten verwendet werden, auch diese in kleine Stücke schneiden.

Die Butter in einem Topf bei mittlerer Hitze zerlassen und die Zwiebelstücke dazugeben. Kurz anschwitzen, dann Knoblauch, Tomatenmark oder Tomaten, Paprika, Karotte, Kartoffel, Paprikapulver, Petersilie (bis auf 1 Esslöffel) und Linsen hinzugeben.

Ca. 700 ml Wasser hinzugießen und die Suppe etwa 40 Minuten bei mittlerer Hitze köcheln lassen. Dann mit dem Stabmixer pürieren, Salz und Pfeffer hinzufügen und so viel weiteres Wasser hinzugießen, bis die Konsistenz schön cremig ist. Nochmals erhitzen.

Die Zitrone längs halbieren und aus einer Hälfte vier Spalten herausschneiden. Mit dem Saft der anderen Hälfte die Suppe abschmecken. Die Suppe auf Teller verteilen, mit der beiseitegelegten Petersilie bestreuen und mit Zitronenspalten servieren. Nudeln abgießen, abtropfen lassen und zum Rosenkohl geben. Mit Salz und Pfeffer würzen und mit dem Parmesan bestreut servieren.

Für 4 Portionen | 10 Minuten Vorbereitungszeit | 20 Minuten Gesamtzeit ♥♡♡

SCHNELLE GLASNUDELSUPPE MIT CURRY UND KOKOS

ZUTATEN

1 rote Zwiebel
2 Knoblauchzehen
2 cm frischer Ingwer
2 EL Kokosöl
1–2 EL rote Currypaste
1 EL Fischsauce
1 EL Sojasauce
400 ml Kokosmilch
400 ml Gemüse- oder Hühnerfond
1 Hähnchenbrustfilet
50 g Glasnudeln
1 Limette
4 Stängel Koriander oder Petersilie
1 Prise Liebe ♥

ZUBEREITUNG

Zwiebel, Knoblauch und Ingwer schälen. Die Zwiebel fein würfeln, Knoblauch und Ingwer fein reiben.

Das Öl in einem Topf erhitzen und Zwiebel, Knoblauch, Ingwer und Currypaste darin unter Rühren anbraten. Mit Fisch- und Sojasauce ablöschen.

Kokosmilch und Gemüse- oder Hühnerfond angießen, alles aufkochen und 5 Minuten köcheln lassen.

Das Hähnchenbrustfilet abspülen, trocken tupfen und in kleine Würfel schneiden. Zusammen mit den Glasnudeln in die Suppe geben und bei mittlerer Hitze 5 Minuten darin garen.

Die Limette auspressen, Koriander- oder Petersilienblätter hacken. Die Suppe mit Limettensaft abschmecken und mit Koriander oder Petersilie bestreut servieren.

TIPP So eine schnelle, leckere Suppe mit Wumms! Ich lasse das Hähnchen nur 5 Minuten ziehen, dann ist es gar, aber noch herrlich zart. Die Glasnudeln kann man vor dem Servieren noch mit einer Küchenschere kleiner schneiden.

♥ ♡ ♡ Für 20 Stück | 20 Minuten Gesamtzeit

ENERGIE-PRALINEN

ZUTATEN

FÜR DIE PRALINENMASSE

125 g Medjool-Datteln (alternativ sind auch andere Dattelsorten möglich)
80 g Walnüsse, Cashewkerne oder andere Nüsse
½ Bio-Limette
1 TL Matchapulver
2 TL Agavendicksaft
15 g gepuffter Amarant nach Belieben

FÜR DEN PRALINENMANTEL

3 TL Matchapulver
3 TL Himbeerpulver
alternativ: 6 EL gemahlene oder gehackte Mandeln
1 Prise Liebe ♥

„Bei mir halten sie aber nie so lange, weil sie einfach viel zu lecker sind."
Schwester Teresa

ZUBEREITUNG

Für eine besonders zarte Masse die Datteln kurz in Wasser tauchen und dann die Schale entfernen. Wem das zu kleinteilig ist: Die Datteln können auch ungeschält verwendet werden. Dann entkernen und zerteilen.

Nüsse oder Kerne in einem Mixer oder mit dem Stabmixer zerkleinern. Von der Limette die Schale abreiben und den Saft auspressen. Beides mit Datteln, Matchapulver und Agavendicksaft zu den Nüssen geben. Alles zu einer homogenen Masse mixen.

Wer mag, rührt zum Schluss den gepufften Amarant in die Masse. Mit einem Esslöffel jeweils etwas Masse abnehmen und mit den Händen zu walnussgroßen Bällchen rollen.

Für den Pralinenmantel das Matcha- und Himbeerpulver in zwei verschiedene Schälchen geben. Jeweils die Hälfte der Energie-Pralinen mit einem kleinen Löffel im Matcha- und im Himbeerpulver wälzen, bis sie vollständig bedeckt sind. Alternativ die Bällchen in den Mandeln wälzen.

Die Pralinen in kleine Papierförmchen setzen oder auf einem Teller anrichten. Aufbewahrt in einem luftdichten Gefäß im Kühlschrank halten sie sich 10 Tage.

TIPP

Gepoppten Amarant kann man ganz leicht auch zu Hause herstellen: Einfach in eine heiße Pfanne mit Deckel geben und warten, bis die Körnern aufpoppen.

♥ ♡ ♡ Für 20 Stück | 10 Minuten Vorbereitungszeit | 20 Minuten Gesamtzeit

ENERGIE-DATTELTALER

ZUTATEN

12 Medjool-Datteln
25 g getrocknete Cranberrys
80 g Walnüsse, Cashewkerne
oder eine Nussmischung nach Belieben
20 ml Apfelsaft
40 Oblaten (ca. 5 cm Ø)
1 Prise Liebe ♥

ZUBEREITUNG

Die Datteln entkernen und zerteilen, die Cranberrys klein schneiden. Beides zusammen mit Walnüssen, Cashewkernen oder einer Nussmischung in einen Mixer oder ein hohes Gefäß geben. Den Apfelsaft dazugießen und alles im Mixer oder mit dem Stabmixer zu einer homogenen Masse pürieren.

Mithilfe eines Esslöffels jeweils etwas von der Masse abnehmen und mit den Händen zu einer Kugel rollen. Auf diese Weise 20 Kugeln rollen, bis die Masse aufgebraucht ist.

Die Kugeln jeweils in die Mitte einer Oblate setzen und mit einer weiteren bedecken. Vorsichtig mithilfe eines Glases flach drücken.

TIPP

Achtung Suchtgefahr – und dabei so schnell und einfach! Die Taler lassen sich am besten in einer Schale mit Deckel im Kühlschrank aufbewahren. Zum Mitnehmen können sie dann einfach entnommen und in Brotpapier eingewickelt werden. Bei uns sind sie allerdings immer schnell weg.

Für 20 Stück | 10 Minuten Vorbereitungszeit | 20 Minuten Gesamtzeit ♥ ♡ ♡

MARONEN-DATTEL-HERZEN

ZUTATEN

FÜR DEN TEIG

150 g Datteln
200 g gegarte Maronen
2 EL Kokosöl
½ TL Ingwerpulver
½ TL Kardamompulver
1 Prise Meersalz

FÜR DEN SCHOKOLADENÜBERZUG

50 g Zartbitterschokolade
1 TL Kokosöl
1 Msp. Pimentpulver

AUSSERDEM

Herzausstecher
1 Prise Liebe ♥

ZUBEREITUNG

Die Datteln entkernen und grob zerkleinern. Mit den Maronen in der Küchenmaschine oder mit dem Stabmixer pürieren. Das Kokosöl erwärmen, bis es flüssig ist, dann zu den Datteln geben. Ingwer- und Kardamompulver und Salz hinzugeben und alles gut vermischen.

Den Teig zur Kugel formen, zwischen zwei Lagen Backpapier etwas ausrollen und zu Herzen ausstechen. Bei Bedarf etwas nachformen.

Die Schokolade hacken, mit dem Kokosöl im Wasserbad schmelzen und mit Piment würzen. Die Herzen zur Hälfte in die Schokolade tauchen und trocknen lassen.

TIPP

Wer mag, kann die Herzen noch mit etwa 3 Esslöffeln gehackten Pistazien oder anderen Nüssen verzieren. Einfach in die noch weiche Schokolade streuen. Das sieht nicht nur schön aus, das schmeckt auch köstlich.

♥ ♡ ♡ Für 4 Portionen | 10 Minuten Vorbereitungszeit | 15 Minuten Gesamtzeit

VEGANES SCHOKOMOUSSE MIT KARDAMOM

ZUTATEN

FÜR DIE MOUSSE
20 Medjool-Datteln oder andere Datteln (s. Tipp)
400 ml Kokosmilch
4 EL dunkles Kakaopulver (Back-Kakao)
1 TL Kardamompulver nach Belieben

AUSSERDEM
Datteln, Minzeblätter
oder geröstete Nüsse zum Servieren
1 Prise Liebe ♥

ZUBEREITUNG

Die Datteln entsteinen und grob zerkleinern. Mit Kokosmilch und Kakaopulver in ein hohes Gefäß geben und mit dem Stabmixer pürieren, bis eine schöne Mousse entsteht.

Nach Belieben zusätzlich mit dem Kardamom aromatisieren, dann in Gläser füllen und bis zum Servieren im Kühlschrank aufbewahren.

Zum Servieren mit einer Dattel, frischer Minze oder gerösteten Nüssen dekorieren.

TIPP Diese Mousse ist himmlisch gut! Und dabei so gesund, einfach und schnell zubereitet. Am besten geeignet sind weiche Medjool-Datteln. Wenn man aber keine Datteln mit zarter Schale bekommt, kann man auch andere Datteln verwenden. Diese dann über Nacht im Kühlschrank in einer Schale mit kaltem Wasser einweichen. Wenn es schnell gehen soll, mit heißem Wasser übergießen und 10 Minuten quellen lassen. Die Schalen gehen dann wie von selbst ab und das weiche Innere wird zur Mousse verarbeitet.

Für 4 Portionen | 10 Minuten Vorbereitungszeit | 40 Minuten Gesamtzeit ♥ ♡ ♡

HIMBEER-MATCHA-SCHOKOLADE

ZUTATEN

80 g Kakaobutter-Chips
80 g weißes Mandelmus
1 EL Matchapulver
3 EL Agavendicksaft nach Belieben

FÜR DAS TOPPING
3 EL gefriergetrocknete Himbeeren

AUSSERDEM
Schokoladenformen aus Silikon
oder eine Silikonbackmatte
1 Prise Liebe ♥

ZUBEREITUNG

Die Kakaobutter-Chips im heißen Wasserbad schmelzen. Mandelmus hinzufügen und gut verrühren. Das Matchapulver dazurühren und nach Belieben den Agavendicksaft unterrühren.

Die flüssige Schokolade in Formen oder auf eine Silikonmatte-Backmatte gießen. Die Himbeeren zerstoßen und die noch flüssige Schokolade damit dekorieren. Für 30 Minuten in den Gefrierschrank legen, dann aus der Form lösen oder in Stücke schneiden.

Die Schokolade am besten luftdicht verschlossen im Kühlschrank aufbewahren.

TIPP

Oh, wie lecker die eigene Schokolade schmeckt! Und gesund ist sie auch. Beim Topping können Sie nehmen, was Ihnen gefällt: Cranberrys, Nüsse, Sanddorn oder getrocknete, essbare Blüten.

♥ ♡ ♡ Für 4 Portionen | 20 Minuten Vorbereitungszeit | 30 Minuten Gesamtzeit

OBST-CEVICHE ALS GESCHMACKS-EXPLOSION

ZUTATEN

100 g Himbeeren
50 g Brombeeren
4 Rispen Johannisbeeren
100 g Physalis nach Belieben
100 g Heidelbeeren
2 cm frischer Ingwer
1 kleine rote Chilischote
3 Bio-Limetten
1 Orange
1 Vanilleschote
2 Maracujas
2 EL Honig oder Agavendicksaft
1 TL Zimtpulver
1 EL Basilikumblätter
1 EL Minzeblätter
1 Prise Liebe ♥

ZUBEREITUNG

Das Obst waschen. Himbeeren und Brombeeren zur Seite stellen. Johanisbeeren abrebeln, wenn Physalis verwendet werden, diese halbieren und beides mit Heidelbeeren in eine Schüssel geben.

Ingwer schälen und mit der Chili sehr fein würfeln. Die Schale einer Limette fein abreiben, alle Limetten und die Orange auspressen. Die Vanilleschote längs aufschneiden und das Mark herausschaben. Die Maracujas halbieren und das Fruchtfleisch herauslöffeln. Alle vorbereiteten Zutaten zusammen mit Honig oder Agavendicksaft zu den Früchten geben und gut untermengen.

Mit Zimt bestreuen und die Himbeeren und Brombeeren auf die Obst-Ceviche setzen. Die Kräuter fein schneiden, darüberstreuen und sofort servieren.

„Ein ganz besonderes Dessert und eine echte Vitaminbombe.
Die Süße der Früchte, die Schärfe von Ingwer und Chili, die Säure der Limetten und der Geschmack aller Zutaten zusammen macht dieses Dessert zum Erlebnis und sorgt im Mund für eine Geschmacksexplosion. Achtung: Sie werden munter und frisch!"
Schwester Teresa

♥ ♡ ♡ Für 4 Portionen | 10 Minuten Vorbereitungszeit | 10 Minuten Gesamtzeit

WASSERMELONENPIZZA

ZUTATEN

1 kleine Wassermelone
100 g Himbeeren
100 g Heidelbeeren
4 EL Joghurt (3,5 % Fett)
1 EL Kürbiskerne
1 EL Cashewkerne oder andere Nüsse
2 EL gepuffter Amarant
1 EL „Unser Energieöl" (siehe Seite 30)
1 Prise Liebe ♥

ZUBEREITUNG

Die Wassermelone in 4 etwa 2–3 cm dicke Scheiben schneiden. Beeren vorsichtig waschen und abtropfen lassen.

Jeweils 1 Esslöffel Joghurt auf eine Melonenscheibe geben und mit den Beeren, den Kürbiskernen, Cashewkernen oder anderen Nüssen und dem gepufften Amarant belegen. Zum Schluss ein paar Tropfen Energieöl über jede Scheibe träufeln und servieren.

TIPP

Im Winter, wenn es keine Wassermelonen gibt, kann man auch Honigmelone in Spalten schneiden und mit den oben genannten Zutaten servieren. Natürlich schmeckt die Honigmelone auch immer köstlich mit Rucola und hauchdünnen Scheiben rohem Schinken.

Für 4 Portionen | 10 Minuten Vorbereitungszeit | 10 Minuten Gesamtzeit ♥ ♡ ♡

SCHNELLER OBSTTELLER

ZUTATEN

2 Bananen
2 Kiwis
2 Äpfel
125 g Himbeeren
125 g Heidelbeeren
50 g Zartbitterschokoladendrops
1 Prise Liebe ♥

ZUBEREITUNG

Das Obst in mundgerechte Stücke schneiden und auf einem Teller hübsch anrichten.

Die Schokoladendrops über dem heißen Wasserbad oder in der Mikrowelle schmelzen. Über das Obst verteilen und servieren.

TIPP

Wir lieben diesen Obstteller, der als Resteessen entstanden ist. Manchmal ist noch eine Mango da, manchmal ein paar Datteln, Trauben oder eine Birne. Auf die Schnelle ist damit ein gesunder Nachtisch gezaubert. Dann sitzen wir um die Platte oder den Teller herum, jeder hat nur seine Gabel in der Hand und in null Komma nichts ist das Obst weg. Variieren ist also erlaubt und gewünscht – manchmal bestreue ich auch die Schokolade noch mit klein gehackten Pistazien oder Nüssen. Sehr lecker!

TIPP

Ich habe schon immer davon geträumt, eigene Baguettes zu backen. Und dann merkte ich, wie einfach es ist. Man kann sie auch variieren und zum Beispiel Nüsse in den Teig geben. Sie sind außen herrlich knusprig und innen schön zart.

Für 4 Portionen | 20 Minuten Vorbereitungszeit | 2 Stunden Gesamtzeit ♥ ♥ ♡

KNUSPRIGES UND GESUNDES VOLLKORNBAGUETTE

ZUTATEN

10 g frische Hefe
500 g Dinkelvollkornmehl
10 g Salz

AUSSERDEM

Küchenmaschine
neutrales Pflanzenöl zum Einfetten
weiteres Dinkelvollkornmehl für die Arbeitsfläche
Backblech oder Baguetteform
neutrales Pflanzenöl zum Einfetten
1 Prise Liebe ♥

ZUBEREITUNG

Frische Hefe in die Schüssel geben und mit 380 ml lauwarmem Wasser auffüllen. Kurz umrühren. Mehl dazugeben und alles 10 Minuten in der Küchenmaschine kneten. Nach 9 Minuten das Salz dazugeben und, bei Bedarf, noch etwas Wasser hinzugeben. Den Teig auf höchster Stufe 5 Minuten weiterkneten.

Nach insgesamt 15 Minuten Knetzeit den feuchten Teig in eine leicht geölte Schüssel mit Deckel geben und von allen Seiten einmal von außen nach innen falten, beziehungsweise kneten. Die Schüssel mit dem Deckel verschließen und den Teig 1 Stunde gehen lassen.

Den Teig auf ein bemehltes Brett stürzen und in zwei Stücke teilen. Jedes Stück mit den Händen ausziehen und einige Male von den Außenseiten nach innen falten, um Spannung in den Teig zu bringen.

Aus jedem Teigstück eine 20–25 cm lange Rolle formen und die Rollen entweder jeweils in eine Baguetteform oder auf ein eingefettetes Backblech legen. Abdecken und weitere 20 Minuten ruhen lassen.

Den Backofen vorheizen auf 250 °C (Ober-/Unterhitze). Die Brote einige Male schräg einschneiden und mit etwas Mehl bestäuben.

Etwas Wasser auf den Ofenboden spritzen und eine Schüssel mit kochendem Wasser unten in den Ofen stellen, damit Wasserdampf entsteht. Die Brote auf mittlerer Schiene 10 Minuten backen.

Die Temperatur auf 220 °C herunterschalten. Die Wasserschale herausnehmen und die Baguettes für weitere 15 Minuten fertig backen. Herausholen und abkühlen lassen.

♥ ♥ ♡ Für 4 Portionen | 5 Minuten Vorbereitungszeit | 15 Minuten Gesamtzeit

HIMMLISCHE DATTELCREME

ZUTATEN

125 g Medjool-Datteln
1 Knoblauchzehe
1 TL Harissapaste
100 g Schmand
½ TL Currypulver
½ TL Kreuzkümmelpulver
½ TL Salz
1 Prise frisch gemahlener Pfeffer
150 g Frischkäse
1 Prise Liebe ♥

ZUBEREITUNG

Datteln entkernen und zerteilen. Den Knoblauch schälen und durch die Presse drücken. Beides mit der Harissapaste und dem Schmand im Mixer oder mit dem Stabmixer zu einer homogenen Paste pürieren.

Die restlichen Gewürze und den Frischkäse hinzugeben. Alles gut mit einem Löffel unterrühren und zum Schluss nochmals abschmecken. Abgedeckt im Kühlschrank aufbewahren.

TIPP

Harissapasten können sehr scharf sein und sollten behutsam dosiert werden. Alternativ kann man auch das Harissagewürz benutzen, das milder ist, da es kein Chili enthält. Ausprobieren lohnt sich! Ich verspreche Ihnen eine himmlische Creme, die Sie als Snack, Dessert, als Vorspeise, zu den Dattelwaffeln oder zum Baguette servieren können.

Für 4 Portionen | 10 Minuten Vorbereitungszeit | 10 Minuten Gesamtzeit ♥ ♥ ♡

SELBST GEMACHTER FRISCHKÄSE MIT RUCOLA UND WALNÜSSEN

ZUTATEN

500 g griechischer Joghurt (10 % Fett)
1 TL Salz
1 Handvoll Rucola
12 Walnüsse
½ TL Honig

AUSSERDEM

Baumwolltuch
1 Prise Liebe ♥

ZUBEREITUNG

Den Joghurt mit dem Salz verrühren. In ein Tuch geben, zubinden und über Nacht über eine Schüssel hängen und abtropfen lassen.

Am nächsten Tag den Rucola waschen, trocken schleudern und klein schneiden. Nüsse in einer Pfanne ohne Fett rösten und klein hacken, dabei 3 Nusshälften zum Dekorieren beiseitelegen.

Rucola, Nüsse und Honig mit dem Frischkäse in einer Schüssel vermischen. Mit den beiseitegelegten Walnüssen dekorieren und servieren.

TIPP Selbst gemachter Frischkäse geht so einfach und schmeckt einfach himmlisch. Man kann sich immer neue Varianten überlegen, zum Beispiel mit verschiedenen Kräutern, mit klein geschnittenen Trockenfrüchten, mit geriebenem Meerrettich und vielem mehr.

WUNDERBARER MISO-HÄHNCHENSALAT

ZUTATEN

2 Knoblauchzehen
2 cm frischer Ingwer
2–3 EL dunkle oder helle Misopaste
1 EL geröstetes Sesamöl
1 EL Sojasauce
2 EL Olivenöl
1–2 Hähnchenbrustfilets (insgesamt ca. 350 g)
1 Mango
2 Avocados
200 g Babyspinat

FÜR DAS DRESSING

1 Limette
1 TL Dijonsenf
3 EL Sojasauce
2 EL Sesam
50 ml Olivenöl
1 EL Agavendicksaft
Salz
frisch gemahlener Pfeffer
1 Prise Liebe ♥

ZUBEREITUNG

Knoblauch und Ingwer schälen und reiben. Mit Misopaste, Sesamöl, Sojasauce und 1 Esslöffel Olivenöl verrühren.

Das Hähnchenbrustfilet kalt abspülen, trocken tupfen und in kleine Würfel schneiden. Zur Marinade geben, gut vermengen und abgedeckt im Kühlschrank 30 Minuten marinieren.

Mango und Avocados schälen, das Fruchtfleisch vom Stein lösen und in kleine Würfel schneiden.

Für das Dressing die Limette auspressen. Limettensaft mit Senf, Sojasauce, Sesam, Olivenöl und Agavendicksaft in ein leeres Schraubglas füllen, mit Salz und Pfeffer würzen und zuschrauben. Kräftig schütteln, kosten und nach Belieben nachwürzen.

1 Esslöffel Olivenöl in einer Pfanne erhitzen. Die marinierten Hähnchenwürfel bei mittlerer Hitze ca. 5 Minuten gar braten.

Den Babyspinat mit Mango- und Avocadostücken in eine Schüssel geben. Das Dressing dazugießen, alles gut unterheben, dann auf Tellern anrichten und die Miso-Hähnchenstücke darauf platzieren.

♥ ♥ ♡ Für 4 Portionen | 25 Minuten Vorbereitungszeit | 50 Minuten Gesamtzeit

KÜRBIS-PITA

ZUTATEN

500 g Hokkaido-Kürbis
1 Zwiebel
2 Knoblauchzehen
2 cm frischer Ingwer
3 EL Olivenöl
100 ml Gemüsebrühe
Salz
frisch gemahlener Pfeffer
1 Prise Muskatnuss
200 g Feta
6 Filoteigblätter
50 g zerlassene Butter
1 Handvoll Kürbiskerne
1 TL Schwarzkümmel

AUSSERDEM

Butter für die Form
1 Prise Liebe ♥

ZUBEREITUNG

Den Kürbis waschen, trocken reiben, entkernen und in kleine Stücke schneiden. Zwiebel, Knoblauch und Ingwer schälen. Zwiebel würfeln, Knoblauch und Ingwer fein hacken. Das Olivenöl in einem Topf erhitzen. Zwiebel, Knoblauch und Ingwer glasig andünsten, dann den Kürbis zugeben und ca. 5 Minuten mitdünsten. Die Brühe angießen, mit Salz und Pfeffer würzen und alles ca. 20 Minuten leise köcheln lassen, bis der Kürbis weich ist. Die Masse mit der noch vorhandenen Flüssigkeit grob pürieren und kräftig mit Salz, Pfeffer und Muskat abschmecken. Auskühlen lassen. Den Feta zerkrümeln und zur Seite stellen.

Den Ofen auf 180 °C (Ober-/Unterhitze) vorheizen. Eine Springform (26 cm Ø) mit Butter einfetten.

Ein Blatt Filoteig auf die Arbeitsfläche legen und einmal zusammenfalten, sodass der Teig doppelt liegt. Mit etwas zerlassener Butter bestreichen. Etwa ein Sechstel Kürbispüree daraufstreichen, ein Sechstel Feta darüberstreuen und einige Kürbiskerne daraufgeben. Mit der langen Seite zu einer dünnen Rolle aufrollen und mit den weiteren Blättern ebenso verfahren. Dabei ein paar Kürbiskerne zum Bestreuen zurückbehalten.

Alle Rollen spiralförmig in die Springform legen, dabei am besten von innen nach außen vorgehen. Die Pita mit der restlichen zerlassenen Butter einstreichen, bei Bedarf noch etwas weitere Butter zerlassen. Mit dem Schwarzkümmel und den restlichen Kürbiskernen bestreuen und im Backofen auf der mittleren Schiene ca. 25 Minuten goldbraun backen.

WENN ESSEN WIE HEIMAT SCHMECKT

In diesem Kochbuch gibt es zwei Gerichte, die für mich Identität bedeuten und Erinnerung meiner Kindheit und meines kroatischen Ursprungs sind: das auf der nächsten Seite folgende Hühnerpaprikasch und Sauerkrautwickel von Seite 117. Beides schmeckt für mich wie Heimat. Allein daran zu denken reicht aus, um mir den Mund wässrig zu machen und eine innige Vorfreude zu wecken.

Mein Vater wurde als Fußballer bei einem Trainingslager entdeckt und bekam das verlockende Angebot, nach Deutschland zu gehen. Zuerst gingen meine Eltern, ein Jahr später folgten ich und mein jüngerer Bruder. Ich war gerade einmal vier Jahre alt.

In dem Jahr, in dem sich meine Eltern im badischen Weinheim einlebten, blieben mein jüngerer Bruder und ich bei meiner Oma in Kroatien zurück. Und als wir dann ebenfalls in Deutschland ankamen, ging es im Urlaub jeden Sommer und manchmal auch in den Weihnachtsferien zurück in die kroatische Heimat ans Meer, mein geliebtes „More". Wir besuchten zuerst unsere Verwandten: meine lieben Tanten, Onkel, Cousins und Cousinen. Es war herrlich, wenn die ganze Familie zusammenkam. Meine Tante Antonia war eine wunderbare Köchin und verwöhnte uns. Und wenn ich bei ihr war, durfte ich mir immer ein Gericht wünschen.

Sie ging dann früh zum Markt und holte ein frisches Huhn. Sie machte das beste Hühnerpaprikasch der Welt, einen Eintopf mit angebratenem und geschmortem Hühnchenfleisch, Zwiebeln und Kartoffeln in einer pikanten Sauce mit viel Paprikapulver. Die Krönung waren ihre Grießnockerln, die am Schluss hineinkamen. Oh, wie liebte ich dieses Gericht! Und es konnten nie genug Nockerln drin sein. Die Sauce wurde mit einem Schuss Weißwein abgeschmeckt, das gab wohl am Ende den letzten Pfiff. Das wussten wir als Kinder nicht, bis zu jenem Essen, das in die Familiengeschichte einging ... Das Paprikasch duftete in ihrer kleinen Wohnung so herrlich, dass wir es kaum aushalten konnten. Der Tisch wurde ausgezogen und gedeckt und bald sollte es losgehen. Wir Kinder bekamen zuerst den duftenden Eintopf und stürzten uns darauf. Doch schon nach dem ersten Bissen legte der jüngste Sohn den Löffel weg und sagte, dass hier etwas nicht stimme. Mein Bruder, ich und die anderen Kinder hatten nichts bemerkt, es schmeckte wie immer phänomenal. Aber Nenad meinte, dass Schnaps drin sei. Meine Tante erstarrte. „Was?", fragte sie irritiert. Nie und nimmer! Sie probierte sofort aus dem Topf und auch der Rest der Familie nahm ihre ersten Bissen. Es schmeckte einfach so was von köstlich und alle behaupteten, Antonia hätte sich dieses Mal selbst übertroffen. Dann wurde den Erwachsenen der Weißwein ausgeschenkt. Alle lachten und genossen das Paprikasch.

Meine andere Tante erhob als Erstes ihr Glas und nahm einen großen Schluck, aber sie verschluckte sich dermaßen und hustete, dass wir alle erschraken. „Das ist Schnaps!", rief sie und meine arme Tante Antonia wurde kreidebleich. Sie ging zur Speisekammer und erschrak. Sie hatte tatsächlich die falsche Flasche erwischt. Anstelle der Weinflasche hatte sie die Flasche mit dem danebenstehenden Slivovic verwechselt, dem kroatischen Nationalgetränk. Jetzt lachten alle und staunten über den kleinen Nenad.

„Vielleicht solltest du es ab jetzt immer so kochen", frotzelten die anderen. Und immer, wenn es danach Hühnerpaprikasch gab, wurde diese Anekdote erzählt. Wenn meine Mama es für uns kochte, wärmte und stärkte es uns – ebenso wie die Sarma, die gefüllten Kohlblätter. Sie sind ein typisches Herbst- und Wintergericht, vor allem um Weihnachten und Silvester herum. Ich staunte immer, wie Mama die eingelegten Kohlblätter mit dem pikanten Hackfleisch füllte, und dann konnten wir es kaum abwarten. Das Schöne war, dass man das Gericht immer wieder aufwärmen konnte und es dann noch besser schmeckte. Es war ein guter Start ins neue Jahr.

Mama machte immer mehr davon, so dass wir noch genügend Kohlrouladen einfrieren und bei Bedarf essen konnten. Bei diesen beiden Gerichten werde ich immer aufs Neue in meine Kindheit versetzt. Solche Lieblingsessen wecken viele Erinnerungen, Vertrautheit und Emotionen. Wir verknüpfen Menschen damit, die sich um uns gekümmert haben oder es noch tun. Diese Gerichte sind Heimat und die Rezepte wurden meiner Mama auch von ihrer Mama oder Oma weitergegeben.

Gerade wenn wir erschöpft und ausgelaugt sind, brauchen wir diese schönen Momente voller Liebe und Geborgenheit, um uns daran erinnern zu können, dass wir getragen sind von vielen Menschen, die es gut mit uns meinen.

Für 4 Portionen | 25 Minuten Vorbereitungszeit | 1 Stunde Gesamtzeit ♥♥♡

MEIN KROATISCHES LIEBLINGSESSEN HÜHNERPAPRIKASCH

ZUTATEN

2 Zwiebeln
2 Karotten
4 vorwiegend festkochende Kartoffeln
1 Knoblauchzehe
1 rote Paprikaschote
3 EL Rapsöl oder Distelöl
4 Hühnerschlegel und 1 Hühnerbrust
Salz
frisch gemahlener Pfeffer
1 EL edelsüßes Paprikapulver
3 EL Mehl
1 Lorbeerblatt
1 EL gekörnte Gemüsebrühe nach Bedarf
1 Prise Liebe ♥

ZUBEREITUNG

Zwiebeln, Karotten, Kartoffeln und Knoblauch schälen. Die Paprikaschote entkernen. Das Gemüse in kleine Würfel schneiden, Knoblauch fein hacken.

Das Öl in einem Topf erhitzen. Die Zwiebeln unter Rühren andünsten, dann das restliche Gemüse, bis auf die Kartoffeln, und den Knoblauch dazugeben. Wenn das Gemüse al dente ist, das Hühnerfleisch komplett dazugeben und ca. 5 Minuten mitanbraten. Mit Salz, Pfeffer und Paprikapulver würzen. Das Mehl darüberstreuen und alles gut vermengen. Mit ca. 1,5 Liter kaltem Wasser aufgießen, das Lorbeerblatt hinzugeben und aufkochen. 20–25 Minuten köcheln, dann die Kartoffelwürfel einrühren. Weiterköcheln, bis die Kartoffeln weich sind. Nach Geschmack Brühe dazugeben und noch mal abschmecken. Paprikasch auf Teller verteilen und mit einem Teller für die Knochen servieren.

SCHWESTER TERESAS ZUSATZREZEPT

Ich liebte es, wenn meine Mama noch Mehlnockerln dazu machte.

ZUTATEN

2 Eier
1 TL neutrales Pflanzenöl
1 Prise Salz
70 g Dinkelmehl (Type 630)

ZUBEREITUNG

Die Eier mit Öl und Salz in einer Schüssel aufschlagen. Das Mehl dazugeben und unterrühren. Bei Bedarf noch 1 Schuss Wasser hinzugeben. Die Masse sollte dickflüssig und nicht zu fest sein. Abgedeckt 10 Minuten ruhen lassen. Mit einem Löffel, den man vorher in das kochende Paprikasch taucht, Nockerln abstechen und zum fast fertigen Paprikasch geben. Mitgaren, bis die Nockerln oben schwimmen.

♥ ♥ ♡ Für 4 Portionen | 25 Minuten Vorbereitungszeit | 45 Minuten Gesamtzeit

SPINAT- ODER ROTE-BETE-KNÖDEL

ZUTATEN

500 g TK-Spinat
oder 2 Knollen gekochte Rote Bete
8 Brötchen vom Vortag
2 Zwiebeln
3 Knoblauchzehen
1 TL Butter
3 Eier
100 ml Milch (3,8 % Fett)
Salz
frisch gemahlener Pfeffer
1 Prise Muskatnuss
2 EL Dinkelmehl (Type 630)

AUSSERDEM

zerlassene Butter zum Beträufeln
geriebener Parmesan zum Bestreuen
1 Prise Liebe ♥

„Die besten Spinat- und Rote-Bete-Knödel habe ich bei meiner allerbesten Freundin in Südtirol gegessen und schwärme heute noch davon. Die Knödel sind ein Genuss. Sie sättigen und geben Energie."
Schwester Teresa

ZUBEREITUNG

Den Spinat auftauen lassen. Falls Rote Bete verwendet wird: Würfeln und mit dem Stabmixer pürieren.

8 Brötchen in kleine Würfel schneiden und in eine große Schüssel geben. Den aufgetauten Spinat kräftig ausdrücken und hinzugeben, alternativ das Rote-Bete-Püree untermischen.

Zwiebeln und Knoblauchzehen schälen und klein schneiden. Die Butter in einer Pfanne zerlassen und Zwiebeln mit Knoblauch darin andünsten. Zu den Brötchen geben.

Eier mit Milch verrühren, zu den Brötchen geben und die Mischung mit Salz, Pfeffer und frisch geriebener Muskatnuss würzen. Den Knödelteig abgedeckt ca. 15 Minuten ruhen lassen, dann mit feuchten Händen zu 8 Knödeln formen.

Ausreichend Wasser zum Kochen bringen. Das Mehl in eine Schale geben und die Knödel kurz darin wenden. In das Wasser gleiten lassen, sofort die Hitze reduzieren und die Knödel ca. 20 Minuten im leicht köchelnden Wasser ziehen lassen, bis sie von selbst an die Wasseroberfläche steigen.

Die Knödel mit einer Schaumkelle herausheben und auf Teller verteilen. Mit geschmolzener Butter übergießen und mit frisch geriebenem Parmesan bestreuen.

TIPP

Diese Sauerkrautwickel habe ich schon als Kind geliebt. In meiner kroatischen Heimat heißt das Gericht Sarma. Das Rezept klingt aufwendiger, als es ist – und das Ergebnis lohnt sich. Man kann die Krautwickel mehrere Male aufwärmen oder portionsweise mit etwas Sauce einfrieren. So hat man mit nur einmal kochen gleich mehrere leckere Mahlzeiten, die viel Kraft und Energie verleihen.

Eingelegten Sauerkrautkopf erhält man übrigens zum Beispiel in osteuropäischen Supermärkten oder auch online.

Für 4 Portionen | 30 Minuten Vorbereitungszeit | 2:30 Stunden Gesamtzeit ♥ ♥ ♡

SAUERKRAUTWICKEL

ZUTATEN

1 große Zwiebel
1 Knoblauchzehe
3 EL Rapsöl
500 g Rinderhack oder halb & halb
Salz
frisch gemahlener Pfeffer
2 EL edelsüßes Paprikapulver
1 Espressotasse trockener Langkornreis
1 eingelegter Sauerkrautkopf (FP)
2 Lorbeerblätter
100–150 g Speck oder Geräuchertes nach Belieben
50 g Dinkelmehl (Type 630)
1 Prise Liebe ♥

ZUBEREITUNG

Zwiebel schälen und in kleine Würfel schneiden. Knoblauch schälen und fein hacken. 1 Esslöffel Öl in einer Pfanne erhitzen und die Zwiebel darin glasig anschwitzen. Vom Herd ziehen und abkühlen lassen.

Das Hackfleisch mit Zwiebel, Knoblauch, Salz, Pfeffer und 1 Esslöffel Paprikapulver mischen und den Reis einrühren.

Sauerkrautblätter waschen, trocken tupfen und den dicken Strunk wegschneiden. Auf jedes Blatt 1 Esslöffel Hackfleischmischung geben, dann die linke und rechte Blattseite einschlagen und alles aufrollen. So fortfahren, bis die gesamte Füllung verbraucht ist. Den restlichen Sauerkrautkopf in dünne Scheiben schneiden.

Einen großen Kochtopf mit der Hälfte des geschnittenen Kohls auslegen. Die Krautwickel eng nebeneinander hineinschichten.

Wenn Speck oder Geräuchertes verwendet wird, neben die Krautwickel verteilen. Die Lorbeerblätter dazugeben. Den restlichen Kohl darüberlegen. Mit so viel lauwarmem Wasser aufgießen, bis die Wickel bedeckt sind. Alles aufkochen und bei kleiner Hitze 2 Stunden köcheln lassen.

In kleinem Topf das restliche Öl erhitzen, Mehl dazugeben und unter Rühren so lange anschwitzen, bis es eine zarte, bräunliche Farbe annimmt, aber nicht verbrennen lassen! Mit ca. 100 ml Wasser aufgießen. Restliches Paprikapulver dazugeben und alles unter Rühren kurz aufkochen lassen.

Die Mehlschwitze zu den Krautwickeln geben und damit den entstandenen Saft binden. Falls es zu dickflüssig gerät, etwas Wasser dazugeben. Alles weitere 15 Minuten köcheln lassen, dann die Wickel mit etwas Kraut und Sauce auf Teller verteilen und servieren.

♥ ♥ ♡ Für 4 Portionen | 15 Minuten Vorbereitungszeit | 1:50 Stunden Gesamtzeit

TAJINE MIT GEMÜSE UND BACKPFLAUMEN

ZUTATEN

3 große Zwiebeln
2 Knoblauchzehen
3 Zucchini
⅓ Bund Koriander
3 EL Olivenöl
1 TL Kurkumapulver
1 TL Ingwerpulver
½ TL frisch gemahlener Pfeffer
1 Prise Salz
300 g Karotten
500 g Kartoffeln
300 g Knollensellerie
2-3 EL flüssiger Honig
½ TL Zimtpulver
1 Prise Safranfäden
300 g Backpflaumen
1 EL Sesam

AUSSERDEM

Tajine (ersatzweise Bräter mit Deckel)
1 Prise Liebe ♥

ZUBEREITUNG

Zwiebeln und Knoblauch schälen. Die Zwiebeln würfeln, den Knoblauch fein hacken. Die Zucchini in nicht zu kleine Stücke schneiden.

Koriander klein schneiden und die Hälfte davon mit Olivenöl, Kurkuma, Ingwer, Pfeffer, Salz und Knoblauch in die Tajine geben. Bei mittlerer Hitze unter Rühren etwa 2 Minuten andünsten.

Zwiebeln und die Zucchini dazugeben und etwa 10 Minuten weiterdünsten, bis die Zwiebeln glasig werden.

Die Kartoffeln, Karotten und Knollensellerie schälen. In nicht zu kleine Stücke schneiden, in die Tajine geben und 400 ml Wasser dazugießen. Honig, Zimt und Safran hinzurühren und alles bei sanfter Hitze ca. 1 Stunde köcheln lassen. Das Gemüse sollte dabei von der Flüssigkeit bedeckt sein. Eventuell etwas Wasser nachgießen.

Die Backpflaumen in einen Topf geben, mit heißem Wasser übergießen und für 5–10 Minuten quellen lassen, bis auch sie weich sind. Dann in ein Sieb geben und abtropfen lassen. Die Backpflaumen in eine Schale geben und mit Sesam bestreuen.

Wenn das Gemüse fertig und sehr weich ist, die Backpflaumen und den Rest des Korianders dazugeben. Alles noch einmal 10 Minuten abgedeckt ziehen lassen, dann ist die Tajine fertig.

TIPP Frischer Lachs in Sushi-Qualität ist nicht immer erhältlich. Dann kann man auch sehr gut geräucherten Lachs verwenden. Diesen einfach in kleine Stücke schneiden und unmariniert in die Rolle wickeln.

HERBSTROLLEN MIT LACHS UND AVOCADO

ZUTATEN

FÜR DIE ROLLEN

1 gelbe Paprikaschote
1 Karotte
1 reife Avocado
200 g frisches Lachsfilet in Sushi-Qualität
1 rote Chilischote
1 Bio-Limette
1 EL Sojasauce
Salz
50 g Glasnudeln
16 Reisblätter
1 Handvoll Koriander- oder Basilikumblätter
Wasabipaste
schwarzer Sesam

FÜR DEN DIP

2 Knoblauchzehen
1 rote Chilischote
4 EL Reisessig
1 EL Fischsauce
2 EL Sojasauce
1 EL Agavendicksaft
1 Prise Liebe ♥

ZUBEREITUNG

Die Paprika halbieren, putzen und waschen. Karotte schälen, die Avocado halbieren und das Fruchtfleisch herauslösen. Das Gemüse in feine Streifen schneiden. Den Lachs abspülen, trocken tupfen und in kleine Würfel schneiden. Die Chilischote hacken. Die Limettenschale abreiben, die Frucht auspressen und mit Chilischote und Sojasauce in einer Schale verrühren. Salzen und die Lachswürfel untermengen. Bis zur weiteren Verwendung darin marinieren lassen.

Die Glasnudeln in einer Schüssel mit kochendem Wasser übergießen. 5 Minuten quellen lassen, dann in ein Sieb abgießen, abtropfen lassen und mit der Küchenschere kürzer schneiden.

2 Reisblätter in lauwarmem Wasser kurz einweichen. Ein nasses Küchentuch auf eine Arbeitsfläche legen, darauf die Reisblätter glatt übereinanderlegen. Eine erbsengroße Menge Wasabi in die Mitte des Reisblatts geben und verstreichen. Das Gemüse mit den Glasnudeln, einigen Lachswürfeln und Koriander- oder Basilikumblätter darauflegen. Die Seiten des Reispapiers einschlagen und alles zu einer Rolle aufwickeln. So verfahren, bis die gesamte Füllung zu 8 Rollen verarbeitet ist. Die Rollen auf einer Platte anrichten und mit etwas schwarzem Sesam bestreuen.

Für den Dip Knoblauchzehen und Chili sehr fein hacken. In einer Schale mit den restlichen Zutaten verrühren. Die Rollen zusammen mit dem Dip servieren.

♥ ♥ ♡ Für 4-6 Portionen | 25 Minuten Vorbereitungszeit | 45 Minuten Gesamtzeit

LAMMPÄCKCHEN MIT TAHINA-JOGHURT

ZUTATEN

FÜR DIE PÄCKCHEN

250 g Aubergine
2 Zwiebeln
2 Knoblauchzehen
3 Stängel Minze
4 EL Olivenöl
25 g Rosinen
Salz
frisch gemahlener Pfeffer
1 EL Paprikapulver
1 TL Kurkumapulver
1 TL Kreuzkümmelpulver
1 TL Zimtpulver
1 EL Tomatenmark
1 Scheibe Vollkorntoastbrot
250 g Lammhackfleisch (alternativ Rinderhack)
1 Ei
½ Packung Filoteig aus dem Kühlregal (à 250 g)
50 g zerlassene Butter
1 TL Schwarzkümmel

FÜR DIE SAUCE

2 EL Tahina
200 g griechischer Joghurt (10 % Fett)
Salz
frisch gemahlener Pfeffer
1 Prise Liebe ♥

ZUBEREITUNG

Aubergine putzen und in kleine Würfel schneiden. Zwiebeln und Knoblauch schälen und fein würfeln. Die Minzeblätter klein schneiden. Das Olivenöl in einer großen Pfanne erhitzen. Aubergine, Zwiebeln und Knoblauch darin weich garen. Rosinen, Salz, Pfeffer, Paprika, Kurkuma, Kreuzkümmel, Zimt und Tomatenmark zugeben und kurz gemeinsam erhitzen. Dann die Hälfte der Minzeblätter hinzugeben, unterrühren und alles vollständig abkühlen lassen. Das Toastbrot hacken und mit Hackfleisch und Ei in eine Schüssel geben. Die Gemüsepfanne hinzugeben und alles gut vermengen. Den Backofen auf 220°C (Ober-/Unterhitze) vorheizen. Ein Backblech mit Backpapier belegen.

Bei den Filoteigblättern einzeln vorgehen, damit sie nicht austrocknen. Ein Blatt jeweils quer halbieren, mit Butter bepinseln und übereinanderlegen. 2–3 Esslöffel der Füllung am oberen Rand mittig verteilen, die Seiten einklappen und jeweils aufrollen. Mit der Naht nach unten auf das Backblech legen. Mit etwas Butter bepinseln, mit etwas Schwarzkümmel bestreuen. So fortfahren, bis die gesamte Füllung aufgebraucht ist. Bei Bedarf noch etwas weitere Butter zum Bestreichen zerlassen. Die Päckchen auf der mittleren Schiene ca. 15 Minuten goldbraun backen. In der Zwischenzeit für die Sauce die restliche Minze mit Tahina, Joghurt, etwas Salz und Pfeffer verrühren. Die fertigen Päckchen aus dem Ofen nehmen und mit etwas Sauce auf Tellern anrichten.

TIPP

Für die Konsistenz der Suppe sind zum einen der Anteil des Kochwassers (etwa 1,5 Liter) und zum anderen der lange Köchelvorgang bei kleiner Flamme mit dem ständigen Abschöpfen des Schaums wichtig.

Für 4 Portionen | 10 Minuten Vorbereitungszeit | 1:30 Stunden Gesamtzeit ♥ ♥ ♡

BISSARA MIT FOUL – FEINE SAUBOHNENSUPPE

ZUTATEN

400 g frische Saubohnen ohne Hülse (auch als Favabohnen oder Dicke Bohnen bekannt), alternativ 200 g getrocknete Favabohnen
6 Knoblauchzehen
1 rote Chilischote
½ TL Salz

AUSSERDEM
bestes Olivenöl zum Beträufeln
Kreuzkümmelpulver zum Bestreuen
1 Prise Liebe ♥

ZUBEREITUNG

Bei frischen Bohnen die Bohnen gründlich waschen, bis das Wasser klar ist, dann in einen Topf geben. 1,5 Liter Wasser hinzugeben und alles aufkochen. Die Hitze herunterschalten und bei kleiner Flamme sanft ca. 1 Stunde 30 Minuten köcheln lassen. Bei der Verwendung getrockneter Bohnen diese vor dem Kochen über Nacht in kaltem Wasser einweichen. Am nächsten Morgen abgießen und dann mit 1,5 Liter Wasser aufkochen und ebenfalls 1 Stunde 30 Minuten köcheln lassen. Bei beiden Zubereitungsmethoden während des Kochens immer mal wieder den Schaum abschöpfen.

Nach 30 Minuten Kochzeit die Knoblauchzehen schälen und unzerkleinert mit der ganzen Chilischote hinzugeben.

Sobald die Bohnen völlig weich gekocht sind, die Chilischote entfernen und die Bohnen mit dem Knoblauch mit dem Stabmixer zu einer cremeartigen Masse pürieren und mit Salz würzen. Die Suppe in kleinen Suppenschalen portionieren und mit etwas bestem Olivenöl beträufeln. Etwas Kreuzkümmel darüberstreuen und servieren. Guten Appetit!

♥ ♥ ♥ Für 4-6 Portionen | 2:25 Stunden Vorbereitungszeit | 2:45 Stunden Gesamtzeit

BERBERITZENREIS MIT HÜHNCHEN

ZUTATEN

300 g Basmatireis
1 Zitrone
Salz
4–8 Hühnerkeulen
1 Prise frisch gemahlener Pfeffer
150 g Berberitzen
1 Zwiebel
4 EL Rapsöl oder 50 g Butter
½ TL Safran

AUSSERDEM

frischer Koriander, frische Minze und Zwiebelringe zum Servieren
1 Prise Liebe ♥

ZUBEREITUNG

Den Basmatireis 3-mal waschen (1-mal heiß, 1-mal lauwarm, 1-mal kalt), die Zitrone auspressen.

Den Reis mit etwas Salz, 1 Esslöffel Zitronensaft und so viel Wasser in einem Topf vermengen, bis der Reis mit Wasser bedeckt ist. Für mindestens 2 Stunden quellen lassen. Dann bei mittlerer Hitze zum Kochen bringen und ca. 10 Minuten gar kochen. Zum Schluss sollte der Reis locker und ohne Wasserspiegel sein. Den Reis in ein Sieb geben, mit etwas kaltem Wasser abspülen und abtropfen lassen.

Die Hühnerkeulen kalt abspülen, trocken tupfen und mit etwas Pfeffer und wenig Salz würzen. Die Berberitzen waschen und abtropfen lassen. Die Zwiebel schälen und klein schneiden.

2–3 Esslöffel Rapsöl oder Butter in einem Topf erhitzen. Die Hühnerkeulen darin goldbraun anbraten. Die Zwiebel hinzugeben und andünsten, ebenso die Berberitzen hinzugeben und kurz mitdünsten.

Nun einen Topf etwas vorwärmen. Etwa eine drittel Tasse Wasser und das restliche Öl oder die restliche Butter hineingeben und aufkochen. Safran einrühren und den Basmatireis hineingeben und vermengen. Die Hühnerkeulen mit Zwiebel und Berberitzen daraufgeben und den Deckel aufsetzen. Alles bei kleiner bis mittlerer Hitze ca. 20 Minuten dämpfen. Zwischendurch mit einem Kochlöffelstiel mehrere kleine Kanäle zum Topfboden formen, um das Gericht besser „atmen" zu lassen. Während des Dämpfens den Topfdeckel in ein Küchentuch wickeln, um den Topf abzuschließen und den Dampfvorgang zu verstärken.

Vor dem Servieren den Topf kurz in kaltes Wasser stellen, damit sich der Reis besser vom Boden löst. Hühnerkeulen und Berberitzen von oben abnehmen. Den Reis auf eine Platte stürzen, sodass die goldgelbe Kruste oben liegt. Die Hühnerkeulen mit Berberitzen darauf anrichten. Am besten wie die Perser frischen Koriander, Zwiebeln und Minze dazu reichen.

TIPP

Grundsätzlich ist es auch möglich, die Hühnerkeulen nicht anzubraten, sondern zu kochen.

TIPP

Um die Kartoffeln nur tief ein-, aber nicht durchzuschneiden, gibt es einen einfachen Trick: rechts und links neben die Kartoffel jeweils einen Holzkochlöffelstiel legen und erst dann einschneiden. Durch die Stiele wird verhindert, dass man mit dem Messer zu tief kommt.

Für 4 Portionen | 15 Minuten Vorbereitungszeit | 45 Minuten Gesamtzeit ♥♥♥

DORADE AUF ZITRONENSAUCE MIT SÜSSKARTOFFELN

ZUTATEN

FÜR DIE SÜSSKARTOFFELN UND DEN FISCH

2 große Süßkartoffeln
Salz
frisch gemahlener Pfeffer
4 Doradenfilets (alternativ anderes Fischfilet)

FÜR DIE ZITRONENSAUCE

2 Schalotten
1–2 Zitronen
1 EL Dinkelmehl (Type 630)
150 ml Gemüsebrühe
1 TL Kurkumapulver
1 Schuss Weißwein
Salz
frisch gemahlener Pfeffer
2 EL kalte Butter

AUSSERDEM

Olivenöl zum Bestreichen und Braten
1 Prise Liebe ♥

ZUBEREITUNG

Den Backofen auf 180°C (Ober-/Unterhitze) vorheizen. Ein Backblech mit Backpapier belegen.

Die Süßkartoffeln schälen und alle 3–4 mm tief ein-, aber nicht durchschneiden (s. Tipp). Mit Salz und Pfeffer würzen, mit Olivenöl bestreichen und auf das Backblech setzen. Auf der mittleren Schiene 45–50 Minuten backen.

Die Doradenfilets kalt abspülen und trocken tupfen. Für jedes Filet einen halben Bogen Backpapier mit Olivenöl bestreichen. Die Doradenfilets salzen, pfeffern und jeweils auf ein Stück Backpapier geben. Längs einwickeln und die Enden wie Bonbonpapier eindrehen. Mit Küchengarn zusammenbinden.

Die letzten 15 Minuten zu den Süßkartoffeln in den Ofen geben. Dafür die Süßkartoffeln nach unten schieben, die Fischpäckchen auf ein zweites Blech geben und auf der mittleren Schiene garen.

Für die Sauce die Schalotten schälen und hacken. Die Zitronen auspressen. 1 Esslöffel Öl in einem Topf erhitzen und die Schalotten darin glasig dünsten. Mit dem Mehl bestäuben, dieses kurz anschwitzen und dann unter Rühren die Gemüsebrühe hinzugießen. Kurkuma, Zitronensaft und Weißwein hinzugeben, alles aufkochen und bei kleiner Hitze ca. 5 Minuten köcheln lassen. Wenn die Schalotten weich sind, kann der Topf vom Herd.

Kurz vor dem Servieren, die Sauce nochmals aufkochen, mit Salz und Pfeffer abschmecken und die Butter hineinrühren. Mit dem Stabmixer schaumig pürieren. Zum Servieren einen Saucenspiegel auf jeden Teller setzen, darauf jeweils ein Doradenfilet legen und ein paar Scheiben Süßkartoffel dazu reichen.

♥ ♥ ♥ Für 4 Portionen | 30 Minuten Vorbereitungszeit | 1 Stunde Gesamtzeit

SAFRAN-COUSCOUS MIT KARAMELLISIERTEN ZWIEBELN

ZUTATEN

FÜR DEN COUSCOUS
750 g Couscous
1 EL Olivenöl
½ TL Safranfäden

FÜR DIE ZWIEBELN
1 kg Zwiebel
4–5 EL Olivenöl
½ TL Kurkumapulver
½ TL Ingwerpulver
½ TL frisch gemahlener Pfeffer
½ TL Salz
75–100 g Rosinen
1 Bund Koriander

AUSSERDEM
½ Granatapfel
3 Stängel Minze
1 Prise Liebe ♥

ZUBEREITUNG

Zubereitung im Dampfgarer: Couscous in lauwarmem Wasser etwa 30 Minuten mit einem Küchentuch abgedeckt ruhen lassen.

In der Zwischenzeit die Zwiebeln schälen, halbieren und dann in dünne Scheiben schneiden.

In einer großen Pfanne das Olivenöl erhitzen und die Zwiebeln darin anschwitzen, dann Kurkuma- und Ingwerpulver, Salz, Pfeffer und Rosinen einrühren.

Koriander waschen, abtropfen lassen und dann als Ganzes (die Stängel und Blätter werden wieder entfernt) zu den Zwiebeln geben. 45 bis 60 Minuten weiterschmoren, bis die Zwiebeln karamellisiert sind. Wenn nötig, immer wieder esslöffelweise etwas Wasser hinzugeben.

Den Couscous abgießen, etwas Olivenöl darauftäufeln und mit den Händen durchkneten. Den Couscous in den Dampfeinsatz geben und etwa 15 Minuten über stark gesalzenem Wasser dämpfen. Den Couscous in einer Schüssel mit 50 ml Wasser mischen, kurz ruhen lassen und dann mit einer Gabel auflockern. Zurück in den Dampfeinsatz geben. Diese Arbeitsschritte dreimal wiederholen. So wird Couscous besonders bekömmlich. Safran in einem Mörser zerstoßen und unter den Couscous rühren.

Die Kerne aus dem Granatapfel lösen. Die Minzeblätter grob hacken. Den Couscous auf einer Platte anrichten, darüber die karamellisierten Zwiebeln geben, alles mit Granatapfelkernen und Minze garnieren.

TIPP Alternativ kann der Couscous auch wie auf der Packung beschrieben zubereitet werden. Die Safran-Mischung am besten gleich in das Wasser zum Quellenlassen einrühren.

Für 4 Portionen | 1 Stunde Vorbereitungszeit | 1:15 Stunden Gesamtzeit ♥ ♥ ♥

HIMMLISCHE BASTILLAS

ZUTATEN

3 Zwiebel
2 Knoblauchzehen
2 cm frischer Ingwer
½ Bund Petersilie
½ Bund Koriander
½ TL Safranfäden
200 g Nüsse (z. B. Walnüsse, Cashewkerne oder Mandeln)
2 EL Puderzucker nach Belieben
2 Hühnerbrüste
3 EL Olivenöl
1 TL Salz
½ TL frisch gemahlener Pfeffer
1 Msp. Zimtpulver
3 Eier
8–10 Filoteigblätter
50 g flüssige Butter

AUSSERDEM

Puderzucker und Zimt zum Bestreuen
1 Prise Liebe ♥

ZUBEREITUNG

Zwiebeln schälen und in kleine Würfel schneiden, Knoblauch und Ingwer schälen und fein reiben. Petersilienblätter und Koriander hacken.

Safranfäden in 200 ml Wasser einweichen.

Die Nüsse nach Belieben klein hacken und in einer Pfanne ohne Fett goldgelb rösten. In eine Schale umfüllen und mit Puderzucker bestreuen. Die Hühnerbrüste kalt abspülen und trocken tupfen.

Das Olivenöl in einem Schmortopf erhitzen und Zwiebeln, Knoblauch und Ingwer darin andünsten. Die Hühnerbrüste dazugeben und kurz von allen Seiten anbraten.

Salz, Pfeffer und Zimt mit den gehackten Kräutern dazugeben und 5 Minuten mitdünsten. Den Safran mit dem Einweichwasser dazugeben und alles ca. 20 Minuten bei mittlerer Hitze köcheln lassen, bis das Hühnchen weich gegart ist.

Das Hühnchenfleisch herausnehmen und abkühlen lassen. Anschließend mit einer Gabel vorsichtig zerrupfen.

In der Zwischenzeit die im Topf verbliebene Zwiebel-Gewürz-Masse auf höhere Hitze stellen und offen einkochen lassen, bis das Wasser fast ganz verdampft ist. Dabei regelmäßig umrühren, damit nichts anbrennt.

Die Eier einzeln hineingeben und unter Rühren stocken lassen. Die Eier-Zwiebel-Gewürz-Masse in ein Sieb geben und beiseitestellen, damit noch vorhandenes Wasser abtropfen kann.

Den Backofen auf 180°C (Ober-/Unterhitze) vorheizen. Ein Backblech mit Backpapier belegen.

Die Filoteigblätter halbieren. Ein halbes Blatt in eine Suppentasse legen. Mit etwas flüssiger Butter beträufeln ein weiteres halbes Blatt über Kreuz in die Tasse legen.

Zuerst 1–2 Esslöffel gerösteter Nüsse hineingeben. Darauf 1–2 Esslöffel der Eier-Zwiebel-Gewürz-Masse schichten und am Ende 1–2 Esslöffel des gerupften Hühnchens hineingeben. Die Filoblätter darüberlegen, mit Butter bestreichen und das fertige Päckchen auf das Backblech legen. Dann die Seitenränder ebenfalls mit Butter bestreichen. So weitermachen, bis alle Zutaten aufgebraucht sind.

Die Bastillas auf mittlerer Schiene 20–25 Minuten goldbraun backen. Zum Servieren mit Puderzucker und Zimt bestreuen.

TIPP

Bastillas kann man auch mit Fisch und Meeresfrüchten füllen. Wenn man alles gut vorbreitet, geht das Füllen am Ende ganz flott. Die Bastillas kann man warm, lauwarm oder kalt essen – und sie lassen sich auch wunderbar einfrieren.

„Diese marokkanische Köstlichkeit ist eine wahre Geschmacksexplosion. Schon wenn man die Päckchen aufschneidet, steigen einem die Düfte des Orients in die Nase. Der Mix aus Süßem und Salzigem ist der Clou – kein Wunder, dass das Gericht früher Königinnen serviert wurde. Und heute sind wir es wert, sie zu kosten."
Schwester Teresa

TAJINE MIT GRÜNEN OLIVEN

ZUTATEN

2 Zwiebeln
2 Knoblauchzehen
5 Stängel Koriander
1,5 Bio-Zitronen
2 EL Olivenöl
½ TL Ingwerpulver
½ TL Kurkumapulver
½ TL frisch gemahlener Pfeffer
500 g Kartoffeln
1 Quitte
6 Karotten
200 g grüne Oliven ohne Stein
4 Tomaten
1 Msp. Salz

AUSSERDEM

Tajine (ersatzweise Bräter mit Deckel)
Koriandergrün zum Garnieren
1 Prise Liebe ♥

ZUBEREITUNG

Die Zwiebeln und Knoblauchzehen schälen und würfeln. Den Koriander klein schneiden. Die halbe Zitrone auspressen, die ganze Zitrone in Scheiben schneiden.

Olivenöl erhitzen und Zwiebeln, Knoblauch, Ingwer, Kurkuma, Pfeffer und Koriander darin anschwitzen. Den Zitronensaft hinzugeben und 200 ml Wasser angießen.

Die Kartoffeln schälen und halbieren, die Quitte gut abreiben und in etwa 6 Stücke schneiden, dabei das Kerngehäuse entfernen. Kartoffeln und Quitte in die Tajine geben und bei mittlerer Hitze ca. 30 Minuten köcheln lassen.

Die Karotten schälen und je nach Größe längs halbieren oder vierteln. Ebenfalls zur Tajine geben und alles weitere 20 Minuten köcheln lassen. Dann die in Scheiben geschnittene Zitrone und die Oliven hinzugeben. Die Tomaten entkernen, in Spalten schneiden und mit dem Salz ebenfalls hinzugeben. Alles weitere 30 Minuten köcheln lassen, bis das Gemüse sehr weich ist.

Die Tajine auf Teller verteilen und mit Koriander bestreut servieren.

DR. SEHOULIS ZUSATZVARIANTE

Die Tajine kann als vegetarische Variante so serviert werden wie im Rezept beschrieben oder aber mit Huhn zubereitet werden. Dafür zusätzlich zu den genannten Zutaten folgende bereitstellen:

ZUTATEN

1 Huhn (ca. 1 kg)
1 TL Korianderpulver
1 TL Ingwerpulver
1 TL edelsüßes Paprikapulver
Salz
frisch gemahlener Pfeffer
2 EL Rapsöl
2 Zwiebeln
2 Knoblauchzehen

ZUBEREITUNG

Das Huhn innen und außen kalt abspülen und trocken tupfen. Falls noch vorhanden, den Bürzel entfernen.

Koriander, Ingwer, Paprika, etwas Salz und Pfeffer mit dem Rapsöl verrühren und das Huhn damit einstreichen.

Die Zwiebeln und Knoblauchzehen schälen und in das Hühnchen legen. Abgedeckt ruhen lassen, bis die Tajine begonnen wird. Parallel dazu den Backofen auf 160 °C (Umluft) vorheizen. Das Huhn auf das Backblech geben und auf der mittleren Schiene ca. 45 Minuten garen.

Das Huhn aus dem Ofen nehmen, zerteilen und die letzten 30 Minuten zur Tajine geben und bei kleiner Hitze mitgaren.

Für 4 Portionen | 15 Minuten Vorbereitungszeit | 50 Minuten Gesamtzeit ♥ ♥ ♥

VEGETARISCHE HARIRA

ZUTATEN

1 Zwiebel
100 g Knollensellerie
2–3 Karotten
2 EL Olivenöl
240 g gekochte Kichererbsen
125 g getrocknete braune Linsen
1 EL Tomatenmark
½ TL frisch gemahlener Pfeffer
1 Msp. Safran
½ EL Ingwerpulver
½ TL Kurkumapulver
½ Bund Koriander
½ Bund Petersilie
400 g passierte Tomaten
2 Eier
1,5 TL Salz

AUSSERDEM

1 Zitrone in Spalten
1 Prise Liebe ♥

ZUBEREITUNG

Zwiebel schälen und fein würfeln. Sellerie und Karotten schälen und in mundgerechte Stücke schneiden. Olivenöl in einem großen Topf erhitzen und die Zwiebel darin bei mittlerer Hitze 2 Minuten anschwitzen.

Sellerie, Karotten, Kichererbsen und Linsen in den Topf geben. Tomatenmark und die Gewürze dazugeben und kurz unter Rühren anrösten. Mit 1,5 Liter Wasser aufgießen, aufkochen und die Suppe 20 Minuten mit aufgelegtem Deckel bei niedriger bis mittlerer Hitze köcheln lassen.

Währenddessen Petersilie und Koriander waschen, abtropfen lassen und mit Stängeln grob hacken. Mit den passierten Tomaten verrühren. Die Eier in einer kleinen Schale aufschlagen und mit etwas Brühe verrühren. In die Suppe geben und dabei mit einer Gabel verrühren. Wenn die Linsen weich sind, die Tomaten-Kräuter-Mischung in die Suppe rühren. Unter häufigem Rühren die Suppe leicht einkochen lassen. Die Harira sollte in etwa die Konsistenz eines guten Chili con/sin Carne haben. Wird die Suppe zu dick, etwas Wasser dazugeben, bei Bedarf zum Schluss mit Salz abschmecken.

Servieren Sie diese magische Suppe in Ihren schönsten Suppenschalen und reichen Sie dazu Zitronenspalten.

HARIRA, DIE KÖNIGIN ALLER SUPPEN

Harira ist meine absolute Lieblingsspeise, die Königin aller Suppen, die große Liebe aller Marokkanerinnen und Marokkaner. Sie ist ein Gedicht aus den edelsten Gewürzen und wird langsam auf kleiner Flamme im Topf zubereitet.

Traditionell wird die Harira im muslimischen Fastenmonat Ramadan zusammen mit Datteln zum Fastenbrechen serviert. Die Suppe schmeckt wunderbar und ist eine echte Belohnung für den Gaumen und den ganzen Körper. Die verschiedenen Zutaten wie Koriander, Petersilie, Zwiebeln, Kichererbsen, Tomaten, Karotten, Sellerie und Gewürze wie Kurkuma, Ingwerpulver, Pfeffer und Safranfäden harmonieren so gut miteinander, als ob sie genau dafür geschaffen wurden. Meist kann man danach keine weiteren Speisen essen, da die Suppe einen sehr schnell zufrieden, nein, glücklich und dankbar macht.

Dankbarkeit und Zufriedenheit, das sind die Botschaften der Harira an die Menschen. Es existieren 1001 Arten der Zubereitung. Jeder vergleicht sie aber mit dem Rezept seiner Mutter. Auch ich akzeptierte lange Jahre nur die Harira-Zubereitung meiner Mutter. Die anderen Suppen waren mir stets zu dünn- oder dickflüssig, zu hell oder zu dunkel. Irgendwann verstand ich aber, dass es keinen Sinn ergibt, die Suppenzubereitungen miteinander zu vergleichen – die Suppe meiner Mutter läuft stets außer Konkurrenz.

Nachdem mir das bewusst wurde, schmecken mir auch die Suppen anderer viel besser. Nun endlich erkenne ich die Stimme meiner Mutter in den Suppen. Jedes Mal, wenn ich diese Suppe zu mir nehme, werde ich regelrecht in meine Kindheit katapultiert und spüre Vertrauen, Geborgenheit und Liebe.

Um diese magische Suppe richtig zu zelebrieren, sind die schönsten Suppenschalen genau die richtigen. Und nicht vergessen: „Guten Appetit", „Bon appétit" oder noch besser auf marokkanisch „Sssacha" wünschen, was als „wohl bekommend" übersetzt werden kann und eigentlich „Gesundheit" bedeutet!

WEITERFÜHRENDE AUTOREN- UND LITERATURHINWEISE

zum Text „Der Prophet Elija hat seinen Appetit verloren"
Referenz: Lee Berk, Michelle Prowse, Gurinder Bains, Jennifer Batt, Jerry Petrofsky, Noha Daher, Harmony Danner, Laura Ludeman, Michael Lahman, Stanley Tan, Dottie Berk
Humor-associated laughter affects appetite hormones. The FASEB Journal, April 2010
Zum Text „Die Kraft der Berührung bei Ermüdung und Erschöpfung"
1 Brand LR, Munroe DJ, Gavin J. The effect of hand massage on preoperative anxiety in ambulatory surgery patients. AORN J. (2013) 97:708-17. doi: 10.1016/j.aorn.2013.04.003
2 Müller-Oerlinghausen, Bruno; Kiebgis, Gabriele Mariell. Berührung: Warum wir sie brauchen und wie sie uns heilt (German Edition) (S.69). Ullstein eBooks

ABKÜRZUNGSVERZEICHNIS

Bei den angegebenen Zutatenmengen handelt es sich jeweils um das Rohgewicht, also das Gewicht des Lebensmittels vor der Verarbeitung. Bei Stückangaben gehen wir immer von Lebensmitteln mittlerer Größe aus (soweit nicht anders angegeben).

g Gramm	**l** Liter	**EL** Esslöffel
kg Kilogramm	**cm** Zentimeter	**Msp.** Messerspitze
ml Milliliter	**TL** Teelöffel	**FP** Fertigprodukt

REZEPTE

♥ ♡ ♡ sehr einfach ♥ ♥ ♡ ein paar Zutaten mehr ♥ ♥ ♥ ein bisschen komplexer

UNSERE ENERGIEREZEPTE

Energiegetränke

♥♡♡

Rezepte, die sehr leicht sind

♥♥♡

Rezepte mit ein paar mehr Zutaten

♥♥♥

Rezepte, die ein bisschen komplexer sind

Die Seitenzahlen der Rezepte von Schwester Teresa sind beerenfarben und die von Prof. Dr. Dr. Jalid Sehouli sind orangefarben.

LIEBE LESERIN, LIEBER LESER!

Hat Ihnen dieses Buch gefallen?
Dann freuen wir uns über Ihre Weiterempfehlung. Erzählen Sie davon im Freundeskreis, berichten Sie Ihrer Buchhändlerin oder bewerten Sie beim Onlinekauf. Wünschen Sie weitere Informationen? Möchten Sie mit der Autorin und dem Autor in Kontakt treten? Wir freuen uns auf Austausch und Anregung unter leserstimme@styriabooks.at
Inspiration, Geschenkideen und gute Geschichten finden Sie auf www.styriabooks.at

/styriabuchverlage /schwesterteresa /dr.sehouli
#UnsereEnergieküche #KneippVerlagWien

STYRIA
BUCHVERLAGE

In Kooperation mit
Ölmanufaktur Bender
Bahnhofstraße 2
76698 Ubstadt-Weiher
www.oelmanufaktur-bender.de

ISBN 978-3-7088-0837-6

Bildnachweis
Foodfotografie: Nina Zorčič, www.ninazorcic.si
Autor:innenfotos Umschlag/S. 5: Christian Lietzmann
Sonstige: S. 22 Privat, S. 34 Sandra Pakulla Schmelzer

Projektleitung: Kate Reiserer
Lektorat: Eva Neisser
Korrektorat: Dorrit Korger
Buch- und Covergestaltung: Tina Defaux
Druck und Bindung: Appl/Aprinta

7 6 5 4 3 2 1
Printed in the EU

Wichtiger Hinweis
Dieses Buch kann nicht eine ärztliche Betreuung ersetzen. Dies gilt besonders, wenn Sie Vorerkrankungen haben und Medikamente einnehmen. Suchen Sie bei unklaren, starken oder anhaltenden Beschwerden und Erschöpfungszuständen unbedingt eine Ärztin/einen Arzt auf.

Alle Inhalte und Hinweise in diesem Buch wurden von der Autorin und dem Autor nach bestem Wissen und größtmöglicher Sorgfalt erstellt und geprüft. Eine Garantie für die Richtigkeit der Angaben und Rezepte kann nicht gegeben werden. Eine Haftung der Autorin und des Autors bzw. des Verlags und seiner Beauftragten für Personen-, Sach- und Vermögensschäden sowie Unfälle ist ausgeschlossen.